따라만하면 다 되는
실전 온라인 수업을 위한 지침서

MS팀즈
수업&
오피스

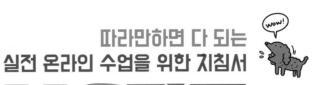

BM (주)도서출판 성안당

비대면 수업과 팀 워크 업무를 위한
마이크로소프트 팀즈

비대면 시대, 왜 우리는 마이크로소프트 팀즈(Microsoft Teams)에 주목해야 할까요? 팀은 개인보다 강합니다. 팀을 위한 다양한 기능을 지원하는 MS 팀즈를 이용하면 수업을 개설하고 엑셀과 파워포인트, 워드가 포함되어 있는 오피스 365를 이용한 과제 제작과 등록을 할 수 있으며, 과제를 평가할 수도 있습니다. 이러한 과제들은 파일 공유와 실시간 협업이 가능하여 효율적인 커뮤니케이션을 가능하게 합니다.

대표적인 화상 회의 프로그램인 줌(Zoom)을 사용하지 않더라도 MS 팀즈의 모임 기능을 사용하면 선생님과 학생들이 채팅과 자료를 공유하면서 실시간 원격 강의를 할 수 있습니다. 또한 라이브 이벤트를 이용하여 대규모의 모임이나 프레젠테이션 등 조직의 내외부 사람들과 라이브 개최도 가능합니다. 스마트폰에서 스카이프를 이용하면 장소에 상관없이 통화부터 화상 회의까지 실시간으로 얼굴을 보면서 소통도 가능합니다. 이러한 기능들은 비대면으로 인해 멀어진 사람들과의 거리를 가깝고 친밀하게 연결시켜 줄 것입니다.

마이크로소프트 사의 운영체제인 윈도우 10에서 가장 안정적으로 실행되는 MS 팀즈, 오피스 365는 하나의 시스템으로 구동됩니다. 전자 필기장으로 영상이나 음성, 사진 등 멀티미디어 요소들을 한번에 바로 삽입이 가능하고, 이렇게 작성된 문서는 MS 팀즈에서 제출, 평가를 받을 수 있으며, 실시간으로 클라우드 기능인 원노트에 저장됩니다. 원노트에 저장된 문서들은 마이크로소프트 오피스를 이용하여 시간과 장소에 상관없이 다양한 PC나 태블릿, 스마트폰에서 확인하거나 제작, 작성이 가능합니다. 이러한 작업들은 안전한 보안 기능으로 보호가 될 것입니다. 마이크로소프트 사의 데이터 수집과 사용에 대한 철저한 관리, 다양한 암호화와 인증 방법 등 최근 이슈화가 된 사용자 정보 보안에 대한 신뢰를 기반으로 프로그램들이 운용되기 때문입니다.

본서는 이러한 마이크로소프트 사의 MS 팀즈를 기준으로 다양한 도구를 효율적으로 사용하는 방법과 오피스 365 앱을 활용하여 수업에 적용하는 방법을 소개하고 있습니다. 수업 진행 방식에 알맞게 활용하면 수업의 품질과 오피스 사용 방법까지 학습할 수 있는 좋은 기회가 될 것입니다. 코로나19로 인해 비대면 수업이나 업무를 할 수밖에 없는 상황이지만, 이러한 상황이 종료되더라도 비대면 사회로의 전환은 시대의 흐름이고, 패턴으로 자리 잡을 것입니다. MS 팀즈 서적이 온라인 수업과 비대면 업무에 효율적인 솔루션이 될 수 있었으면 합니다.

이 책을 위해 도움을 주신 분들에게 감사합니다. 책이 기획되고 나오기까지 신경 써 주신 ㈜ 성안당의 조혜란 부장님과 최옥현 상무이사님, 기획 편집 디자인을 담당한 앤미디어 이미자, 이송이, 박기은, 유선호, 이혜준 님, 촬영에 도움을 주신 정선민 님, 김범수 님에게 고마움을 전합니다.

앤미디어

언택트(Untact) 시대를 살아가는
유저의 MS 팀즈 활용법

서로 접촉하지 않고 효율적으로 비대면 근무를 하고,
강의, 교육은 물론 취미 생활까지 즐기는 방식은 일상
이 되고 있습니다. 대표적인 온라인 수업 프로그램인
MS 팀즈 사용 방법과 실무 활용 방법을 배워 보세요.

많이 당황스런 상황에는
MS 팀즈로 이렇게 해결해요!

▲ 마이크로소프트 사의 MS 팀즈는 보안과 안정성이 좋아요.
29쪽 참조

▲ MS 팀즈로 동아리나 스터디 팀을 만들 수 있어요.
64쪽 참조

▲ 다양한 기기와 앱으로 영상 수업이나 회의가 가능해요.
39쪽 참조

▲ 과제는 마이크로소프트 오피스 365로 제작이 가능해요.
270쪽 참조

▲ 오피스 365의 다양한 앱으로 관리와 활용이 가능해요.
270쪽 참조

비대면 수업과 오피스 365 활용을 위한
MS 팀즈는 이렇게 활용해요!

▲ 과제 제작부터 성적 평가까지 할 수 있어요.
224쪽 참조

▲ 퀴즈부터 설문까지! 폼을 이용하면 양식 제작이 쉬워요.
188쪽 참조

▲ 전자 필기장으로 멀티미디어 문서를 만들어요.
312쪽 참조

▲ 모임 기능으로 영상 수업이나 회의가 가능해요.
114쪽 참조

▲ 장소에 상관없이 유연하게 수업과 회의가 가능해요.
154쪽 참조

▲ 원드라이브에 모든 과제나 자료가 실시간 동기화되요.
274쪽 참조

이 책으로 MS 팀즈를 효율적으로 학습하는 로드맵!

마이크로소프트 사의 대표적인 MS 팀즈 사용 방법과 오피스 365를 이용한 수업 활용 방법을 배우는 단계별 로드맵을 소개합니다.

① MS 팀즈로 온라인 수업 준비

MS 팀즈는 온라인 기반으로 다양한 기능을 통합하고 탑재하여 교육용, 업무용까지 다양한 분야로 활용이 가능합니다. MS 팀즈 사용을 위한 계정 만드는 방법부터 오피스 365 관리자 페이지에 접속하여 계정 만들기, MS 팀즈 가입과 설치까지 학습하여 온라인 수업 준비를 시작합니다.

PART 1 Section 01 - 07

② 온라인 수업 개설

MS 팀즈는 기본적으로 오피스 365를 기반으로 활용할 수 있도록 기능을 제공하고 있으며, 무료 계정과 학교에서 사용하는 계정으로 구분됩니다. 계정 설정이 완료되면 MS 팀즈로 수업에 사용할 팀 만들기부터 학습 커뮤니티를 위한 팀, 학교 행정과 동아리 활동을 위한 팀 등 수업 운영을 위한 다양한 팀 만들기와 채널을 이용한 구성원 관리와 추가 방법을 알아봅니다.

PART 2 Section 01 - 13

⑧ 자료 업로드와 보관 & 공유

오피스 365는 기본 프로그램인 엑셀이나 파워포인트, 워드뿐만 아니라 원격 수업이나 업무를 위한 다양한 앱을 제공하고 있습니다. 학습 커뮤니티와 학생과 선생님, 동료들과 과제를 제작하고 소통할 수 있도록 환경을 제공합니다. 자료 공유와 저장을 위한 원드라이브부터 전자 필기장 원노트, 아웃룩, 스카이프 등을 이용해 쉽게 정보를 교환하고 공동 작업하는 방법을 알아봅니다.

PART 7 Section 01 - 21

⑦ 과제 평가와 성적 반환

수업에 대한 평가를 위해서 시험을 볼 수 있지만 시험보다 학습 효과를 높일 수 있는 부분은 과제입니다. MS 팀즈에서는 평가에 대한 기준인 평가표를 제공하여 공정하게 과제를 평가할 수 있으며, 여러 과제를 한번에 평가하는 기능을 제공하여 교사가 편리하게 과제를 출제하고, 평가할 수 있도록 도와줍니다. 여기서는 제출된 과제를 평가표로 평가하는 방법부터 퀴즈 제작, 성적 평가와 반환 방법을 알아봅니다.

PART 6 Section 01 - 09

3 실시간 영상 수업을 위한 모임

실시간 화상 수업을 효과적으로 하기 위해 모임 기능을 이용하면 화면 공유 기능을 사용하여 강의 자료를 수업에 사용할 수 있고, 학생들과 실시간 소통이 가능합니다. 여기서는 화상 수업을 위한 모임 예약 및 참여 방법, 전체 학생을 대상으로 하는 라이브 이벤트 예약, 지금 모임 시작 기능으로 화상 수업을 시작하는 방법에 대해 알아봅니다.

PART 3 Section 01 - 08

4 실시간 화상 수업 활용

본격적인 화상 수업을 효율적으로 진행하기 위해 채팅과 실시간 화상 수업에 질의와 응답 방법, 판서가 필요한 경우 화이트보드 사용법, 다양한 콘텐츠를 이용한 수업 방법과 실시간 화상 수업 녹화 방법을 알아봅니다. 화상 수업에 참여하고 퇴장한 시간을 기록하여 수업 참여 시간 및 출석을 확인할 수도 있습니다. 스마트폰에 최적화된 스카이프를 이용하여 장소에 상관없이 원격 수업을 진행하는 방법에 대해서도 알아봅니다.

PART 3 Section 09 - 18

6 폼을 이용한 수업 관리

폼 기능은 수업에 다양하게 활용할 수 있는 가장 중요한 기능 중 하나입니다. 시험을 보거나 퀴즈를 이용하여 학습 내용을 파악할 수 있고, 공동으로 폼을 만들어서 설문이나 기타 활동을 할 수 있습니다. 여기서는 폼을 추가하여 질문과 답변을 받는 방법부터 설문 응답 확인, 폼을 메뉴에 추가하여 공동으로 작업하는 방법 등 폼을 이용한 다양한 온라인 수업 방법을 알아봅니다.

PART 5 Section 01 - 07

5 수업 자료 제작 및 공유

MS 팀즈는 업무에서 활용이 가능하지만 수업에 특화된 기능을 추가적으로 제공하고 있습니다. 수업 자료, 과제 평가, 수업을 진행하기 위한 필기장 등 다양한 기능으로, 실시간 수업과 비대면 온라인 수업에 모두 활용이 가능합니다. 여기서는 수업을 위한 자료 제작과 업로드, 학생들에게 과제 양식을 제공하는 리소스 추가 방법까지 알아봅니다.

PART 4 Section 01 - 08

이 책의 구성

빠르고 손쉽게 MS 팀즈를 이용한 온라인 수업 개설부터 과제 제작, 평가 및 화상 수업을 할 수 있도록 체계적인 구성을 제공하고 있습니다.

인터페이스 소개

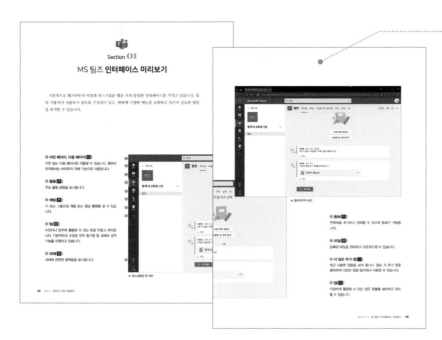

MS 팀즈로 온라인 수업을 위한 화면을 손쉽게 검색하고 기능을 사용할 수 있도록 구성하였습니다.

이론 구성

꼭 알아두어야 할 내용들을 상세하게 소개하고 있습니다. MS 팀즈 준비부터 수업 개설 전반에 관한 내용을 학습해 보세요.

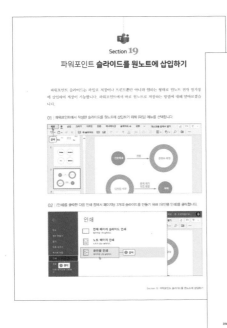

Part 01 MS 팀즈로 온라인 수업 준비하기

Part 02 온라인 수업 개설하기

Part

03 **실시간 영상 수업을 위한 모임 사용하기**

Part

07   오피스 365 활용하기

MS 팀즈로
온라인 수업 준비하기

MS 팀즈는 온라인 기반으로 다양한 기능을 통합하고
탑재하여 교육용, 업무용까지 다양한 분야로 활용이
가능합니다. MS 팀즈 사용을 위한 계정 만드는 방법
부터 오피스 365 관리자 페이지에 접속하여 계정 만
들기, MS 팀즈 가입과 설치까지 학습하여 온라인 수
업 준비를 시작합니다.

Part 1

Section 01

수업과 업무를 효과적으로 관리하는 **MS 팀즈**

대표적으로 사용하는 컴퓨터 OS와 오피스 프로그램을 만든 마이크로소프트(Microsoft)에서 언택트 시대에 맞춰 온라인 교육과 비즈니스에 효과적으로 사용할 수 있는 온라인 기반의 팀즈 서비스를 제공하고 있으며 화상 회의, 화면과 파일 공유까지 제공합니다.

▲ Microsoft Teams 사이트

MS 팀즈는 코로나19로 인하여 강조되고 있는 언택트(Untact) 시대에 맞춰 제공되는 최적의 시스템으로 학습 관리에서부터 협업 도구, 비즈니스까지 활용할 수 있는 다양한 기능이 있습니다. 교육과 비즈니스 외에도 일상생활 전반에 활용할 수 있는 기능도 포함하고 있으며 무엇보다 대표적으로 사용하는 컴퓨터 OS인 윈도우즈와도 호환성이 높은 시스템이라고 할 수 있습니다. 기본적으로 MS 계정이 필요하며 계정 등록은 무료로 제공됩니다. 사용자에 따라서 필요한 기능을 추가하여 활용할 수 있으며, 더 많은 기능을 사용하기 위해서는 유료로 서비스를 제공하고 있습니다. 일반적인 사용자라면 무료 버전으로도 활용이 가능하며 기업에서는 필요에 따라서 사용자별로 월 5,600원~2만 2,500원의 가격으로 사용할 수 있습니다. 학교에 소속된 교사나 관계자, 학생은 교육청별로 제공하는 오피스(Office) 365 서비스를 이용하여 무료로 오피스와 팀즈를 사용할 수 있습니다. 시도 교육청에 따라서 지원하는 내용은 다를 수 있으며, 학교에서 제공한 가입 인증 코드가 필요합니다.

별도로 오피스 365 계정을 제공받지 못해도 무료로 활용이 가능하며 무료 사용자에게도 무제한 채팅 및 검색 기능과 온라인 모임 및 영상 통화 기능도 제공합니다. 10GB의 팀 파일 저장소 및 개인별 2GB의 파일 저장소를 제공하고 있습니다.

MS 팀즈는 업무에서 활용 외에도 온라인 학습 관리 시스템으로 관심과 활용이 증가하고 있는데, 대표적인 온라인 학습 관리 서비스로는 구글 클래스룸이 있습니다. 그러나 구글 클래스룸과는 차이가 있으며, 관리 기능에서 좀 더 뛰어나고, 대표적인 MS 오피스와도 매우 높은 호환성이 있으며 이외에 다양한 앱과 서비스를 활용할 수 있습니다.

학습 관리 시스템 MS 팀즈

많은 대학교 등에서는 학습 관리 시스템을 다양하게 도입하여 이미 사용하고 있는데 학생들의 교육 과정에 대한 전체적인 프로그램 관리 및 학습 자료, 동영상 교육, 출석 및 과제 관리 등을 할 수 있는 시스템으로 되어 있습니다. 학습 관리 시스템은 LMS(Learning Management System)의 약자로 흔하게 이클래스(e-Class)라는 말도 많이 합니다. 기본적으로는 학습 전 과정과 학습 과정 종료 후 관리 등의 기능을 전체적으로 관리할 수 있으며 현재와 같이 언택트 시대에 그 중요성이 부각되고 있습니다. 초중고에서는 학생과 교사 그리고 학부모까지 서로 커뮤니케이션 가능하도록 제공되고 있습니다.

일부 학교에서는 직접 시스템을 자체적으로 개발하여 운영하기도 하지만 개발되어 있는 플랫폼을 활용하는 경우가 있습니다. 국내에서는 클래스팅 서비스가 있습니다. 여기에는 구글 클래스룸, 무들(Moodle), 블랙보드 등이 있으며 MS 팀즈도 포함됩니다. 학습 관리 시스템은 원격 학습 외에도 온라인과 오프라인이 혼합된 혼합 학습(Blended Learning), 거꾸로 학습(Flipped) 등과 같이 새로운 트렌드로 제시되는 효과적인 학습법을 지원하기 위해 필요합니다. 특히 클라우드 환경으로 제공되는 대부분의 학습 관리 시스템은 장비나 장소에 구애받지 않고 다양하게 활용될 수 있으며 단방향이 아닌 양방향 서비스로 학습 효과를 증대시킬 수 있습니다.

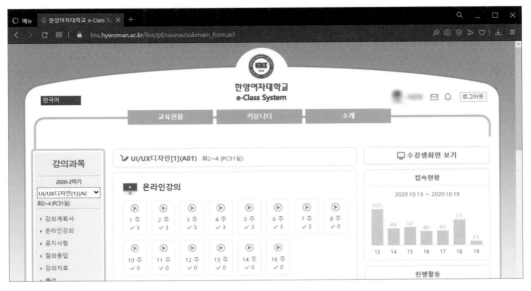

▲학습 관리 시스템

MS 팀즈도 클라우드를 기반으로 하는 시스템으로 많은 사용자를 확보한 MS 오피스와도 높은 호환성을 제공하며 팀즈 플랫폼 내에서도 온라인 기반의 오피스 365를 이용하여 사용할 수 있는 장점이 있습니다. 또한 오피스 365에서 생성한 파일은 다른 사용자와도 공유할 수 있으며 MS 계정만 있다면 MS 팀즈를 이용하여 컴퓨터, 스마트폰, 태블릿 등 다양한 장비를 이용하여 장소에 구애받지 않고 수업을 진행하거나 수강할 수 있으며 학습 효과를 높이기 위한 다양한 소통도 제공합니다. 수업 전 수업을 신청하거나 수업 내용을 확인할 수 있으며 수업 진행 시 실시간 화상 수업과 채팅을 포함하여 학생의 수업 관리를 위한 과제 출제, 채점, 피드백 등이 가능합니다. 특히 수업용 전자 필기장은 학생과의 상호 작용을 위해 활용되는 중요한 기능이라 할 수 있으며 필요에 따라서 교사를 추가하거나 모둠을 만들어 공동으로 과제를 풀어나가게 할 수 있습니다.

MS 팀즈는 현재 인증 교육 기관에 무료로 오피스 365를 제공하고 있으며 학생과 교사는 교육 기관을 인증할 수 있는 전자 메일 주소를 이용하여 오피스 365 및 MS 팀즈 정식 버전을 사용할 수 있도록 제공합니다. 비영리 조직에도 비슷한 혜택을 제공하고 있으며 국내에서는 교육용 오피스 365를 각 교육청 단위로 제공하고 있습니다. 학생과 교사에게 제공하고 있으며 별도의 인증 과정이 필요합니다.

▲서울특별시 교육청 오피스 365 사이트(https://o365.sen.go.kr)

교육청별로 제공하는 서비스는 상이할 수 있으며, 교육청에서 관리하는 계정과 학교 단위로 관리가 가능한 계정을 신청할 수 있습니다. 학교 단위로 관리자가 지정된다면 학교에서 일괄적으로 학생 및 교사를 관리할 수 있고 학교 단위로 관리가 가능한 장점이 있습니다. 그러나 학교 내에 별도의 관리자가 지정되어야 하는 점이 있으나 교사 및 학생 관리에는 유용한 면이 있으므로 자세한 사항은 교육청에 문의해야 할 수도 있습니다.

MS 팀즈 라이선스별 비교

MS 팀즈는 기본적으로 무료로 가입이 가능하고 주요 기능을 사용할 수 있도록 제공하고 있습니다. 국내에는 크게 3가지 유료 플랜을 제공하고 있으며 큰 차이점으로는 모임의 녹음과 녹화 기능을 무료 버전에서는 지원하지 않고 있으며 파일 첨부 및 공유 용량을 유료 사용자와 차별화하고 있습니다. 주요 기능의 차이는 다음의 표와 같습니다.

구분	Microsoft Teams 무료	Microsoft 365 Business Basic	Microsoft 365 Business Standard	Office 365 E3
비용(월, 연간 약정 시)	무료	5,600원/월 (연간 약정)	1만 4,100원/월 (연간 약정)	2만 2,500원/월 (연간 약정)
모임 및 통화	비지원	지원	지원	지원
온라인 모임 (통화 및 영상 통화)	지원	지원	지원	지원
화면 공유	지원	지원	지원	지원
온라인 화상 회의 모임	지원	지원	지원	지원
모임 녹음/녹화	–	지원	지원	지원
최대 사용자 수	500만 명	300명	300명	500만 명
채팅에서 파일 첨부	사용자당 2GB	사용자당 1TB	사용자당 1TB	무제한
파일 저장소	팀 전체 10GB	조직당 1TB 및 라이선스당 10GB	조직당 1TB 및 라이선스당 10GB	조직당 1TB 및 라이선스당 10GB
문서 공동 작업	지원	지원	지원	지원
웹 버전 워드, 엑셀, 파워포인트	지원	지원	지원	지원
데스크톱 버전 워드, 엑셀, 파워포인트	–	–	지원	지원
OneDrive 저장소	–	사용자당 1TB	사용자당 1TB	무제한 개인 클라우드 저장소

▲ 출처: https://www.microsoft.com/ko-kr/microsoft-365/microsoft-teams/compare-microsoft-teams-options

Section 02

MS 팀즈 사용을 위한 **계정 만들기**

MS 팀즈는 기본적으로 마이크로소프트 계정을 필요로 하며 무료로 가입이 가능합니다. 무료로 가입하여도 웹 버전의 오피스 365를 사용할 수 있으며 인증 과정이 필요하기 때문에 전화번호 또는 이메일이 필요합니다.

01 | MS 팀즈를 검색 엔진에서 검색하고 검색된 결과에서 (Microsoft Teams)를 클릭합니다.

02 | MS 팀즈 사이트로 이동하면 메인 이미지 부분에 있는 (무료 등록) 버튼을 클릭합니다.

03 | 기존에 사용하던 이메일 주소를 MS 팀즈에 계정으로 등록할 수 있습니다. 이메일 입력란에 Microsoft 계정으로 등록할 이메일을 입력하고 (다음) 버튼을 클릭합니다.

04 | 무료 계정으로 등록하기 위해 (회사 및 조직의 경우)를 선택하고 (다음) 버튼을 클릭합니다.

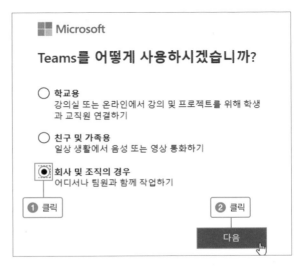

알아두기 오피스 365 계정 등록

학교용으로 등록하는 경우 학교에 관련된 이메일 주소 또는 계정이 아니라면 가입되지 않습니다. 학교를 확인할 수 있는 계정으로 등록하거나, 관리자인 경우 학교에 등록할 수 있습니다. 만약 교육청에 오피스 365 계정을 등록하고 다운로드할 수 있는 경우 각 교육청에서 제공하는 계정을 사용하세요.

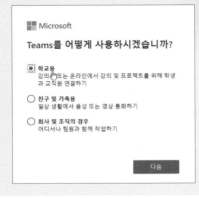

05 │ 마이크로소프트에 등록되지 않은 계정이라면 계정 만들기 단계로 이동되며 계정을 계속 만들기 위해 [계정 만들기] 버튼을 클릭합니다.

06 │ 마이크로소프트 계정의 암호를 입력하고 [다음] 버튼을 클릭합니다.

07 │ 추가적으로 정보 입력이 필요하며, 국가/지역과 생년월일을 지정하고 [다음] 버튼을 클릭합니다.

08 | 이메일로 인증 코드가 전송되며, 이메일을 확인하여 인증 코드를 하단에 입력하고 [동의하고 계정 만들기] 버튼을 클릭합니다.

09 | 개인 컴퓨터로 사용한다면 로그인 상태를 유지하는 것이 사용하는 데 편리하기 때문에 로그인 상태 유지 질문에 대하여 [예] 버튼을 클릭합니다.

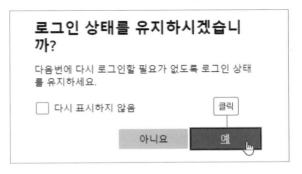

10 | 회사 정보를 입력하는 페이지가 표시되면 이름과 회사 이름 등을 입력하고 국가 또는 지역을 지정한 다음 [Teams 설정] 버튼을 클릭합니다.

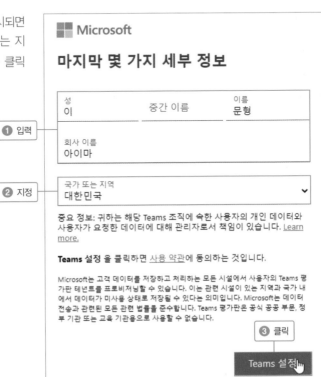

11 | 계정 등록이 완료되고 팀즈를 웹브라우저에서 사용할지 앱을 다운로드하여 사용할지 확인하는 페이지로 이동됩니다. 웹브라우저에서 사용하기 위해 〔웹 응용 프로그램을 대신 사용합니다.〕 버튼을 클릭합니다.

> **알아두기** 이미 MS 팀즈 앱이 설치되어 있다면 자동으로 계정 등록이 완료되는 단계에서 MS 팀즈 앱을 실행하는 대화상자가 표시됩니다. MS 팀즈 앱을 실행하려면 〔열기〕 버튼을, 웹브라우저에서 사용하려면 〔취소〕 버튼을 클릭합니다.

12 | MS 팀즈 페이지로 이동하였으며 팀이 없기 때문에 팀 만들기가 화면에 표시됩니다.

> **알아두기** 친구 및 가족과 연결
>
> 계정을 등록할 때 〔친구 및 가족용〕을 선택하고 〔다음〕 버튼을 클릭하는 경우에는 MS 팀즈보다는 Skype 계정이 적합하다고 안내하며 Skype로 이동하도록 제공하고 있습니다.

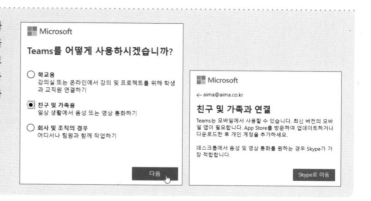

Section 03

학교 이메일 주소를 사용하여 **MS 팀즈 가입하기**

MS 팀즈는 인증된 교육 기관 외에 학생 및 교사에게 무료로 마이크로소프트 계정을 제공하고 있습니다. 학교를 확인할 수 있는 이메일 주소여야 하며 개인 이메일 주소는 불가능합니다. 학생 및 교사라면 학교를 확인할 수 있는 이메일 주소를 사용하여 MS 팀즈와 오피스 365를 무료로 사용하세요.

01 | MS 팀즈를 검색하여 MS 팀즈 사이트에 접속하고 학교 관련 계정을 가입하기 위해 오른쪽 상단에 (Microsoft 전체)를 클릭한 다음 팝업 메뉴에서 (Microsoft Teams)를 클릭합니다.

02 | 웹 사이트 중간에 있는 학생 및 교사 항목의 (무료 가입)을 클릭합니다.

03 | 오피스 365 교육용 버전 페이지로 이동하며 교육용 마이크로소프트 계정으로 사용할 이메일 주소를 입력하고 등록 오른쪽에 있는 (다음) 버튼을 클릭합니다.

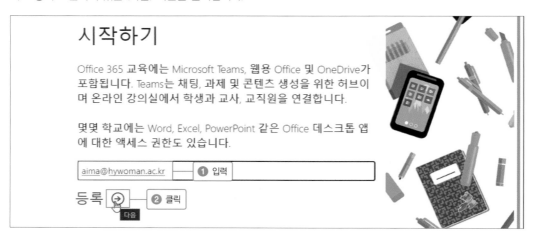

04 | 학교 이메일 주소로 학생과 교사를 구분할 수 없기 때문에 학생인지 교사인지를 물어봅니다. '학생입니다.' 또는 '교사입니다.' 중에서 선택하여 (다음) 버튼을 클릭합니다.

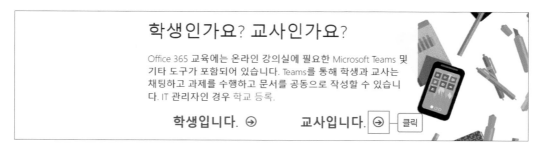

05 | 계정 생성 페이지로 이동되며 가입에 필요한 이름 및 암호 등을 입력합니다. 등록한 이메일 주소로 확인 코드가 전송되며 메일로 전송된 확인 코드를 필수로 입력해야 합니다. 사용자의 국가 또는 지역을 지정합니다.

06 모든 정보를 입력했다면 시작 오른쪽에 있는 (다음) 버튼을 클릭하여 계정 등록을 완료합니다.

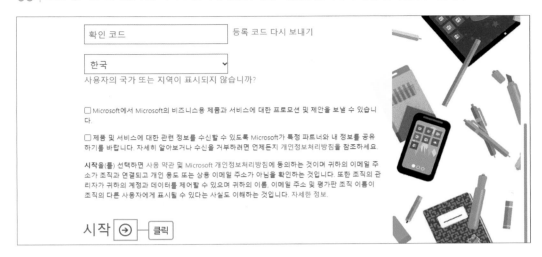

07 오피스 365 교육용 계정으로 등록되었기 때문에 오피스 화면으로 이동되며 처음 실행 시 오피스 365 관련 대화상자를 확인할 수 있습니다. 오른쪽에 있는 (확인(✓)) 버튼을 클릭합니다.

08 오피스 화면으로 이동되면 워드, 엑셀, 파워포인트 외에 앱을 사용할 수 있으며 왼쪽에 있는 (Word(▥)) 버튼을 클릭하여 워드를 실행해 봅니다.

09 | 오피스 365의 워드로 이동되며 온라인 기반의 워드 프로그램을 편리하게 사용할 수 있습니다. MS 팀즈를 실행하기 위해 왼쪽에서 (Teams( )) 버튼을 클릭합니다.

10 | 데스크톱용 MS 팀즈 앱이 설치되어 있지 않다면 앱을 다운로드할 수 있는 페이지가 표시됩니다. 웹브라우저에서 사용하기 위해 (웹 응용 프로그램을 대신 사용합니다.)를 클릭합니다.

11 | MS 팀즈로 이동하여 팀을 만들고 온라인으로 수업을 진행할 수 있습니다.

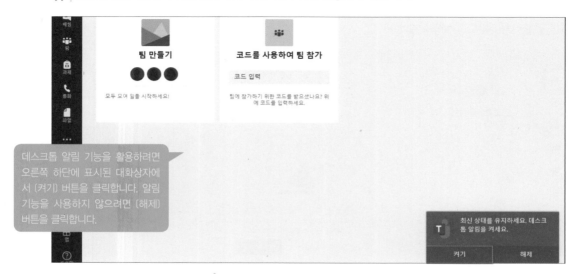

데스크톱 알림 기능을 활용하려면 오른쪽 하단에 표시된 대화상자에서 (켜기) 버튼을 클릭합니다. 알림 기능을 사용하지 않으려면 (해제) 버튼을 클릭합니다.

Section 04

오피스 365 **관리자 페이지 접속하기**

마이크로소프트와 협약이 완료된 시도교육청의 경우 공문을 통해 오피스 365 학교 관리자 가이드 문서와 함께 학교 관리자 계정이 안내되었습니다. 자세한 사항은 교육청을 통해 확인 가능하며, 교육청마다 화면과 방식이 다를 수 있습니다.

01 | 크롬 브라우저 실행한 다음 마이크로소프트와 협약된 교육청의 경우 공문을 통해 안내한 관리자 페이지에 접속해 (Office 365 Login) 버튼을 클릭합니다.

02 | 관리자 권한이 있는 오피스 365 학교 관리자 계정으로 로그인합니다. 학교별 관리자 ID와 초기 암호는 교육청 공문을 통해 확인이 가능합니다.

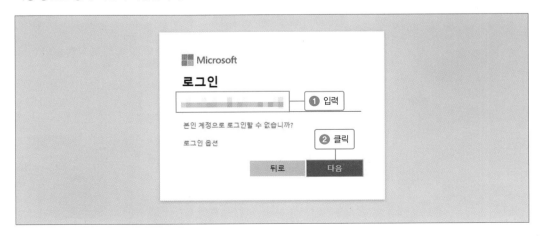

03 | 처음 로그인 시 권한 검토 대화상자가 표시되면 (수락)
버튼을 클릭합니다.

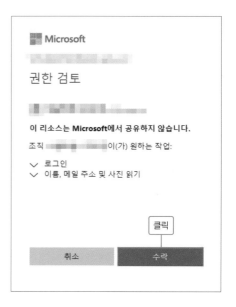

04 | 초기 비밀번호로 로그인 시, 다음과 같이 원하는 암호로
변경하라는 화면이 표시됩니다. 현재 임시 암호와 함께 새롭게
사용하고자 하는 암호를 두 번 입력하고 (로그인) 버튼을 클릭
합니다.

05 | 로그인 상태를 유지하겠는지 물어보는 대화상자가 표시
되면 공용 PC가 아닌 경우 '다시 표시하지 않음'에 체크하여
로그인 상태를 유지할 수 있습니다.

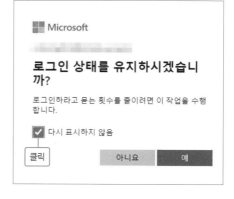

06 | 정상적으로 로그인 과정이 이루어지면, 화면과 같이 관리자 대시 보드 화면이 표시됩니다.

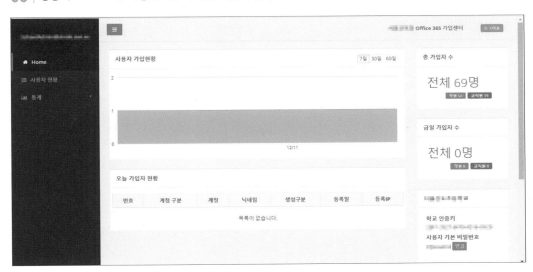

07 | 관리자 대시보드 화면 오른쪽 하단에서 '학교 인증키' 항목에서는 학교별로 부여된 교직원/학생 가입을 위한 인증키를 확인할 수 있으며, '사용자 기본 비밀번호' 항목에서는 사용자 계정 일괄 생성 시 기본 설정 암호를 변경할 수도 있습니다.

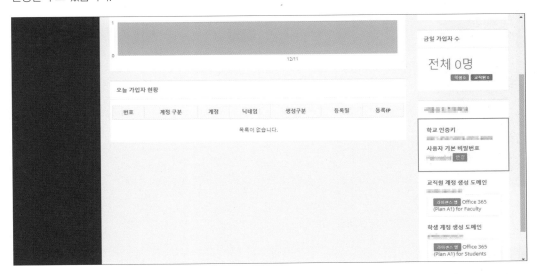

알아두기 오피스 365 관리자 페이지에서 사용자 계정 만들기

초 · 중 · 고등학교에 다니는 학생이나 교직원 중 소속 교육청이 마이크로소프트와 협약을 맺고 정품 라이선스를 보유하고 있는 경우 무료로 오피스 365 계정을 생성할 수 있습니다. 하지만 학생의 경우 학부모님의 도움 없이는 가입이 힘들고, 원활한 계정 관리를 위해서는 오피스 365에서 제공하는 학교 관리자 사이트를 이용하면 편리합니다. 교사와 학생의 계정을 엑셀 서식 업로드를 통해 일괄 생성할 수 있으며, 사용자가 암호를 잊어버린 경우 초기화시켜 안내 가능합니다.

Section 05

오피스 365 **사용자 계정 일괄 생성하기**

학교의 교직원과 학생의 오피스 365 계정을 일괄 생성하는 방법은 학교 관리자 사이트를 이용하는 방법과 마이크로소프트 오피스 365 포털을 이용하는 방법이 있습니다. 학교 관리자 사이트에서 일괄 생성할 경우 사용자의 비밀번호를 분실했을 때 일괄 등록 시 입력한 휴대폰 인증으로 개인이 계정 정보 확인이 가능하기에 편리합니다. 여기서는 첫 번째 방식을 기준으로 알아보도록 하겠습니다.

01 │ 오피스 365 학교 관리자 사이트로 이동한 다음 다시 학교 관리자 계정으로 로그인합니다. 메뉴에서 (사용자 현황)을 클릭합니다.

02 │ 오른쪽 상단에서 (일괄 생성) 버튼을 클릭합니다.

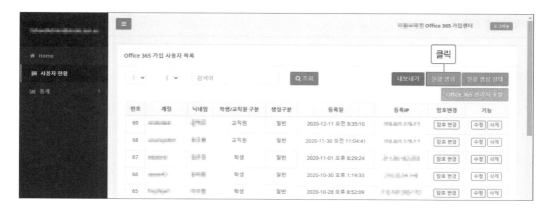

03 | 사용자 엑셀 등록 대화상자가 표시되면 [샘플 양식] 버튼을 클릭하여 엑셀 서식 파일을 다운로드합니다.

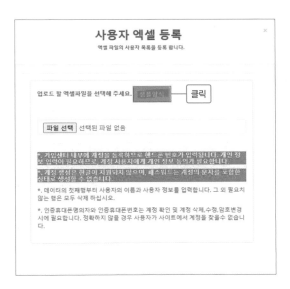

04 | 엑셀 서식에서 제공되는 규칙을 잘 지켜서 이름, 휴대폰 번호, 구분(교직원/학생), 사용할 계정 ID, 암호, 표시 이름, 입학년도를 입력하고, 파일명을 지정하여 저장합니다.

05 | [파일 선택] 버튼을 클릭하여 저장한 사용자 엑셀 등록 파일을 선택한 다음 오른쪽 하단의 [엑셀 등록] 버튼을 클릭합니다.

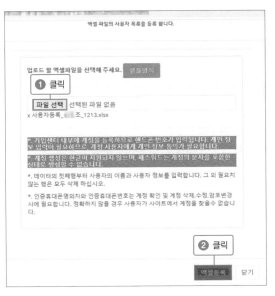

06 | '엑셀 업로드 하시겠습니까?'를 묻는 대화상자가
표시되면 (네) 버튼을 클릭합니다.

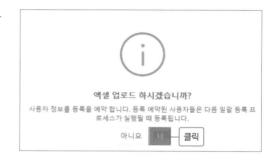

07 | 사용자 등록 예약 완료 화면이 표시되면 (OK) 버
튼을 클릭합니다.

08 | 계정 생성 진행 상황을 확인하기 위해 (일괄 생성 상태) 버튼을 클릭한 다음 업로드한 파일명 오른쪽의 (상
세) 버튼을 클릭합니다.

09 | 실제 사용자 일괄 등록을 위한 작업은 5분 간격으로 실행됩니다.

10 | [조회] 버튼을 클릭하여 '상태' 항목이 '성공'으로 표시되면 사용자 일괄 등록이 완료된 것입니다.

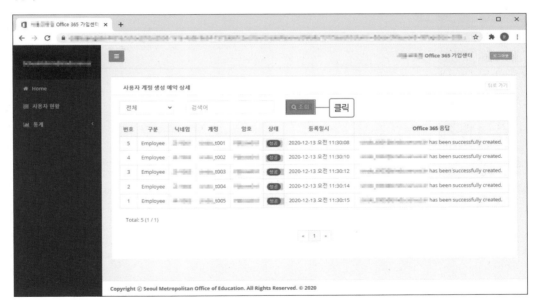

Section 06

오피스 365 학교 관리자 페이지에서 가입자 확인하기

오피스 365 학교 관리자 페이지에서는 사용자의 초기 기본 비밀번호를 변경할 수 있습니다. 현재까지 가입한 사용자 목록을 확인하고, 엑셀 서식 형태로 파일을 다운로드할 수도 있습니다. 통계 메뉴에서는 전체 가입 현황과 더불어 교직원 가입 수, 학생 가입 수, 연도별 가입 학생을 확인할 수 있습니다.

01 | 사용자 계정의 기본 암호를 변경하기 위해 초기 화면 오른쪽 하단의 '사용자 기본 비밀번호' 항목의 (변경) 버튼을 클릭합니다.

02 | 기본 암호에서 원하는 초기 암호로 변경할 수 있습니다. 암호 생성 규칙은 기본적으로 8자 이상, 영문 소문자, 영문 대문자, 숫자, 특수 문자 중 3가지 이상을 조합해야 합니다.

03 | 변경을 원하는 암호를 입력한 다음
〔저장〕 버튼을 클릭합니다.

04 | 가입한 전체 사용자 목록을 확인하고, 검색을 통해 특정 사용자를 조회할 수 있습니다.

05 | 〔내보내기〕 버튼을 클릭해서 학교 가입자 목록을 엑셀 파일로 다운로드할 수도 있습니다.

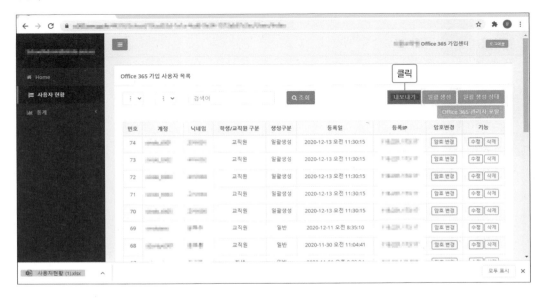

06 | 현재까지의 가입자 통계를 확인하기 위해 왼쪽 메뉴에서 〔통계〕를 클릭합니다.

07 | 〔교내 가입자 현황〕을 클릭하여 전체 가입 수, 교직원 가입자 수, 학생 가입자 수, 올해 가입자 학생 등 통계를 확인할 수 있습니다.

Section 07

MS 팀즈 **설치하기**

MS 팀즈는 웹브라우저에서 사용이 가능하지만 편리하게 사용하기 위해서는 데스크톱용 앱을 다운로드하여 설치하고 사용할 수 있습니다. 웹브라우저용 MS 팀즈보다 안정성이나 활용도가 높을수 있으나 필수적으로 설치해서 사용하지 않아도 기능적 제한은 없습니다.

01 │ MS 팀즈 사이트에 접속한 경우 MS 팀즈 앱을 다운로드할 수 있는 페이지가 표시됩니다. 윈도우즈와 맥용 앱을 모두 지원하며, 앱을 설치하기 위해 (Windows 앱 다운로드) 버튼을 클릭합니다.

02 │ 앱의 다운로드가 시작되고 다운로드가 완료되면 브라우저 왼쪽 하단에 다운로드 완료된 앱 설치 파일을 클릭하여 설치 과정을 시작합니다.

03 | 설치 과정이 진행되면서 MS 팀즈에 사용할 계정 정보인 이메일 주소를 입력하고 [로그인] 버튼을 클릭합니다.

04 | 계정 암호를 입력한 다음 [로그인] 버튼을 클릭합니다.

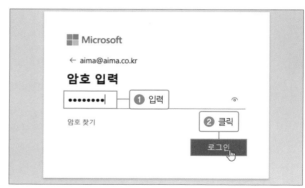

05 | MS 팀즈 관리를 위해 조직에서 관리가 가능하도록 '조직에 내 디바이스를 관리하도록 허용'을 체크하고, MS 팀즈에 로그인된 계정 정보를 계속 유지하기 위해 [확인] 버튼을 클릭합니다.

> MS 팀즈 앱에만 로그인하려면 하단에 있는 [아니요, 이 앱에만 로그인합니다.]를 클릭합니다.

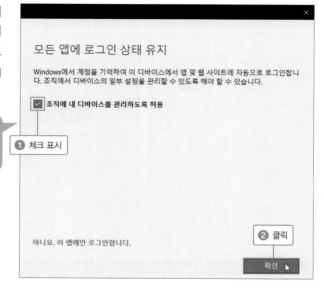

06 │ 앱 설치와 계정 로그인까지 완료되었다면 사용이 가능한 상태로 설정되며 (완료) 버튼을 클릭하여 설치 과정을 완료합니다.

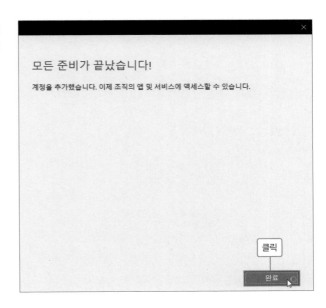

07 │ 모든 과정이 완료되면 MS 팀즈 앱에서 모든 기능을 사용할 수 있습니다.

알아두기   모바일 앱 설치를 위한 QR 코드

❶ 데스크톱용 MS 팀즈에서 모바일 앱 설치를 쉽게 할 수 있도록 QR 코드를 제공하고 있습니다. MS 팀즈 앱 왼쪽 하단에 있는 (모바일 앱 다운로드) 버튼을 클릭합니다.

❷ MS 팀즈 모바일 앱 다운로드 QR 코드가 생성되며 QR 코드를 이용하여 쉽게 모바일용 앱 설치가 가능합니다.

온라인 수업
개설하기

MS 팀즈는 기본적으로 오피스 365를 기반으로 활
용할 수 있도록 기능을 제공하고 있으며, 무료 계정과
학교에서 사용하는 계정으로 구분됩니다. 계정 설정
이 완료되면 MS 팀즈로 수업에 사용할 팀 만들기부
터 학습 커뮤니티를 위한 팀, 학교 행정과 동아리 활
동을 위한 팀 등 수업 운영을 위한 다양한 팀 만들기
와 채널을 이용한 구성원 관리와 추가 방법을 알아봅
니다.

Part 2

Section 01

MS 팀즈 **인터페이스 미리보기**

기본적으로 웹브라우저 버전과 데스크톱용 앱은 거의 동일한 인터페이스를 가지고 있습니다. 특히 사용자가 사용하기 쉽도록 구성되어 있고, 왼쪽에 다양한 메뉴를 포함하고 있으며 필요한 앱들을 추가할 수 있습니다.

❶ 이전 페이지, 다음 페이지( )
이전 또는 다음 페이지로 이동할 수 있습니다. 웹브라우저에서는 브라우저 자체 기능으로 사용합니다.

❷ 활동( )
주요 활동 알림을 표시합니다.

❸ 채팅( )
1:1 또는 그룹으로 채팅 또는 영상 통화를 할 수 있습니다.

❹ 팀( )
수업이나 업무에 활용할 수 있는 팀을 만들고 관리합니다. 기본적으로 수업용 전자 필기장 및 과제와 성적 기능을 포함하고 있습니다.

❺ 과제( )
과제에 관련된 항목들을 표시합니다.

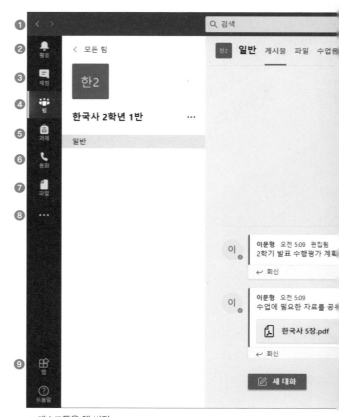

▲ 데스크톱용 앱 버전

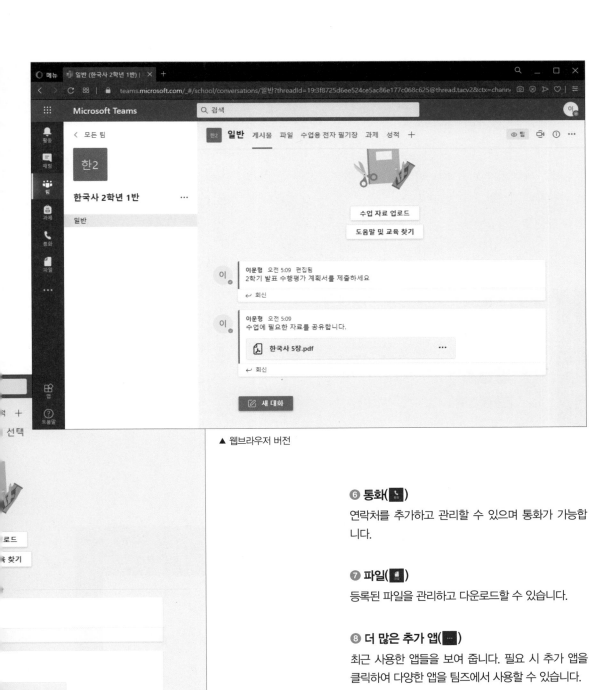

▲ 웹브라우저 버전

❻ 통화(📞)

연락처를 추가하고 관리할 수 있으며 통화가 가능합니다.

❼ 파일(📄)

등록된 파일을 관리하고 다운로드할 수 있습니다.

❽ 더 많은 추가 앱(⋯)

최근 사용한 앱들을 보여 줍니다. 필요 시 추가 앱을 클릭하여 다양한 앱을 팀즈에서 사용할 수 있습니다.

❾ 앱(▦)

다양하게 활용할 수 있는 많은 앱들을 설치하고 관리할 수 있습니다.

Section 02

MS 팀즈로 **수업에 사용할 팀 만들기**

수업을 위해 가장 먼저 해야 할 일은 바로 팀을 만드는 것입니다. 팀에는 기본적으로 4가지 방식을 지원하며 다양한 학교 활동에 맞춘 팀으로 제공하고 있습니다. 가장 기본적으로 활용할 수 있는 수업 팀을 만들겠습니다.

01 │ MS 팀즈를 실행하고 [팀] 메뉴를 선택한 다음 팀을 만들기 위해 [팀 만들기] 버튼을 클릭합니다.

02 │ 팀 유형 선택 대화상자가 표시되면 수업을 만들기 위해 [수업]을 클릭합니다.

03 | 팀 만들기 대화상자가 표시되면 이름에 과목명 또는 구분할 수 있는 반 정보를 입력합니다. 설명에는 학생들이 팀에 대한 자세한 내용을 확인할 수 있도록 좀 더 상세한 설명을 입력하고 (다음) 버튼을 클릭합니다.

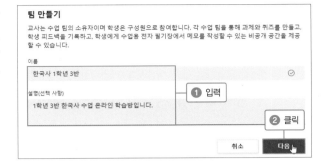

알아두기 학생 추가하기

학생을 추가하기 위해 이름을 검색하면 연관된 이름의 학생 리스트가 표시됩니다. 학생을 선택하여 팀으로 학생을 초대할 수 있습니다. 학생을 선택하였다면 (추가) 버튼을 클릭합니다.

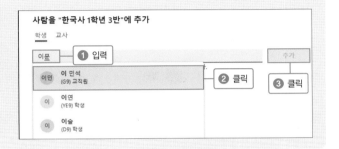

04 | 팀을 만들고 학생들을 추가하기 위해 (건너뛰기) 버튼을 클릭합니다.

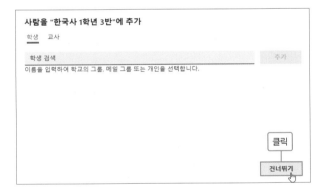

05 | 수업에 사용할 팀이 만들어졌습니다. 수업에 필요한 자료 등록 및 학습 관리가 가능합니다.

Section 03

무료 계정에서 **수업에 사용할 팀 만들기**

교육용 계정에서 수업을 만드는 방법과 무료 계정에서 수업을 만드는 방법은 약간의 차이가 있습니다. 무료 계정에서 수업에 활용할 팀을 만들어 보겠습니다.

01 | MS 팀즈를 실행하고 왼쪽 하단에 있는 (참가 또는 팀 만들기)를 클릭합니다.

02 | 참가 또는 팀 만들기 페이지로 이동되며, 수업에 사용할 팀을 만들기 위해 (팀 만들기) 버튼을 클릭합니다.

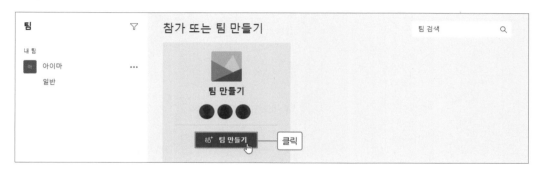

03 | 팀 만들기 대화상자가 표시되면 기본 팀을 만들기 위해 (처음부터)를 선택합니다.

04 | '어떤 종류의 팀이 됩니까?'라는 대화 상자가 표시되면 공개 여부를 선택할 수 있습니다. 공개 팀을 만들기 위해 (공개)를 클릭합니다.

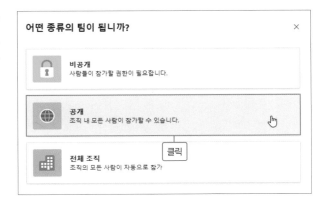

05 | 수업으로 사용할 팀 이름과 설명을 입력하고, (만들기) 버튼을 클릭합니다.

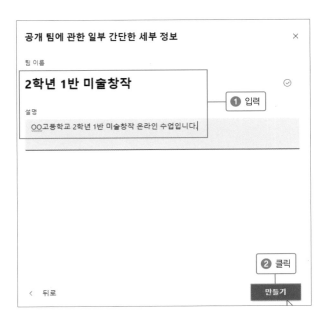

06 │ 수업에 초대할 구성원을 추가하기 위해 이메일 주소를 입력하고 팝업 메뉴에서 선택하여 구성원으로 추가합니다.

07 │ 추가된 사용자를 확인하고 [추가] 버튼을 클릭하면 리스트에 추가됩니다.

08 │ 같은 방법으로 다른 사용자를 추가합니다.

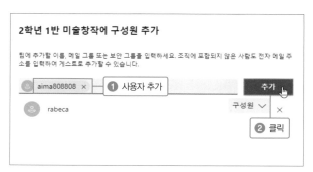

09 │ 수업에 참여할 학생이 모두 추가되었다면 [닫기] 버튼을 클릭하여 수업을 위한 팀 만들기를 완료합니다.

10 팀 만들기가 완료되었으며 팀에 관련된 추가적으로 할 수 있는 기능이 화면에 표시됩니다.

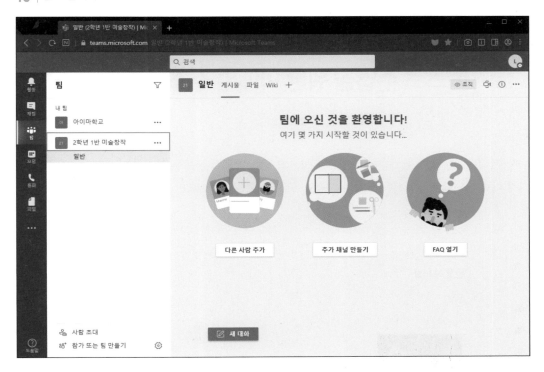

알아두기
무료 계정에서 업그레이드하려면 오른쪽 상단에 (프로필)을 클릭한 다음 표시되는 팝업 메뉴에서 (업그레이드) 버튼을 클릭하여 유료 계정으로 변환할 수 있습니다.

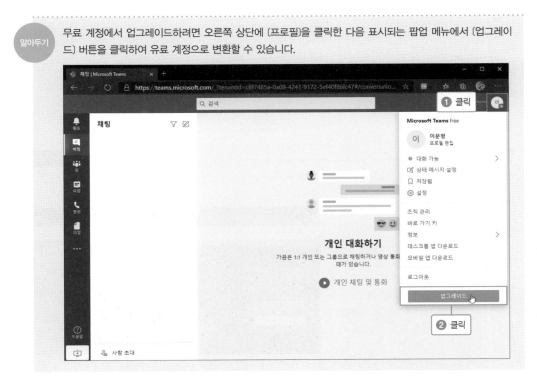

Section 04

폼즈로 **수업을 위한 이메일 주소 수집하기**

학생들을 수업 팀에 추가하기 위해서는 기본적으로 학생 이름 또는 학생의 이메일 주소를 수집해야 합니다. 학생들의 이름과 정보 등을 받아 등록할 수 있도록 폼즈(Forms)를 활용해 보겠습니다.

01 | 오피스 365 사이트(https://www.office.com/)에 접속하여 왼쪽 메뉴에서 (Forms(▦)) 버튼을 클릭합니다.

알아두기 오피스 365를 사용할 수 있는 계정이 아니거나 로그인되어 있지 않은 경우 오피스 365 사이트에 접속이 안 될 수도 있습니다. 이미 계정을 생성하였기 때문에 (로그인) 버튼을 클릭하거나 (무료 Office 버전에 등록)을 클릭하여 웹용 오피스 365를 사용할 수 있습니다.

로그인하여 사용자가 즐겨찾는 생산성 앱을 모든 장치에서 사용하세요.

02 │ 학생 정보를 설문을 이용하여 받기 위해 (새 양식) 버튼을 클릭하여 새로운 폼을 만듭니다.

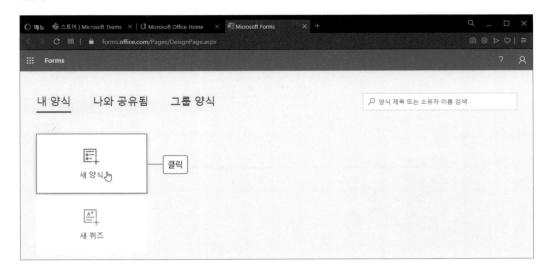

03 │ 질문에 대한 기본적인 타이틀과 개요를 입력할 수 있습니다. 학생들의 이름과 이메일 주소를 수집하여 수업에 등록하기 위한다는 설명과 타이틀을 입력합니다.

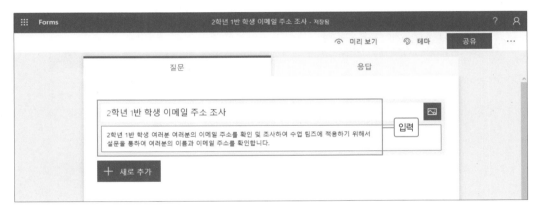

04 │ 학생 정보를 직접 텍스트로 입력하는 설문을 만들기 위해 왼쪽에 (새로 추가) 버튼을 클릭하고 팝업 메뉴에서 (텍스트)를 선택합니다.

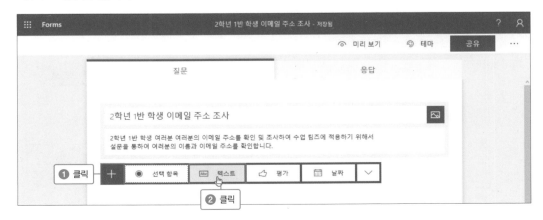

05 | 설문 항목에 '이름'을 입력하고 새로운 설문을 추가하기 위해 [새로 추가] 버튼을 클릭합니다.

06 | 새로운 설문이 추가되면 '이메일 주소'라고 입력하고 설문을 완료합니다. 완료된 설문을 공유하기 위해 오른쪽 상단의 [공유] 버튼을 클릭합니다.

07 | 공유 관련 팝업 메뉴가 표시되면 링크를 본 모든 사용자가 답변할 수 있도록 응답 보내기 및 수집에서 [링크가 있는 모든 사용자가 응답할 수 있음]을 선택합니다.

08 | 기본적으로는 링크가 표시되며 링크를 복사하여 게시글 등에 제공할 수 있습니다. 링크를 제공받은 학생은 링크를 클릭하여 설문에 답할 수 있습니다.

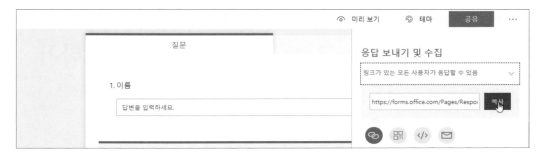

09 | 모바일 환경에서 쉽게 설문에 답변할 수 있도록 QR 코드를 생성하여 제공하기 위해 오른쪽의 (QR 코드 (⬛)) 버튼을 클릭합니다. QR 코드가 표시되면 QR 코드를 다운로드하기 위해 (다운로드) 버튼을 클릭합니다.

10 | 완성된 설문 형태입니다. 응답한 설문은 (응답) 탭을 클릭하여 확인이 가능하며 엑셀에서 결과를 확인할 수 있습니다.

질문	응답

2학년 1반 학생 이메일 주소 조사

2학년 1반 학생 여러분 여러분의 이메일 주소를 확인 및 조사하여 수업 팀즈에 적용하기 위해서 설문을 통하여 여러분의 이름과 이메일 주소를 확인합니다.

1. 이름

답변을 입력하세요.

2. 이메일주소

답변을 입력하세요.

Section 05

이메일로 초대된 **구성원을 MS 팀즈에 참여하기**

팀을 만들 때 구성원으로 초대하는 경우 동일한 조직 내 구성원이 아닐 때에는 초대 메일이 발송됩니다. 메일을 수락하여 팀즈에 구성원이 될 수 있으며 쉽게 팀즈에 참여가 가능합니다.

01 │ 이메일을 확인하면 MS 팀즈에서 초대된 메시지를 확인할 수 있으며, 초대한 계정명과 초대되는 그룹의 이름이 표시됩니다. 초대된 팀에 들어가려면 (Join Teams) 버튼을 클릭합니다.

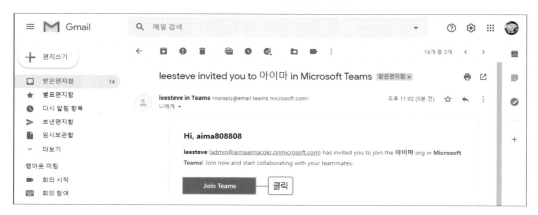

02 │ 메일 확인 대화상자가 표시되면 한 번 더 이메일로 확인 코드를 전송합니다. 메일에 전송된 확인 코드를 입력하고 (동의하고 계정 만들기) 버튼을 클릭합니다.

03 | 계정 만들기 대화상자로 바뀌면서 실제 사용자가 팀즈의 계정을 만들고 있는지 확인하기 위해 그림으로 표시된 보안 문자를 입력하고 (다음) 버튼을 클릭합니다.

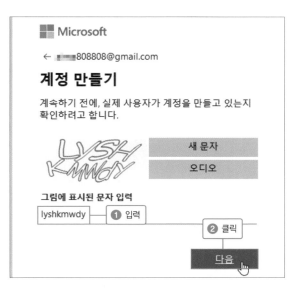

04 | 그룹에 초대되었다는 메시지가 표시되며 팀즈의 구성원이 된 것을 확인할 수 있습니다. 다음 단계로 진행하기 위해 (계속) 버튼을 클릭합니다.

05 | 권한 검토 대화상자가 표시되면 (수락) 버튼을 클릭하여 완료합니다.

06 | 팀에 사용할 이름을 변경하고 사진을 등록할 수 있는 대화상자가 표시되면 사진을 업로드한 다음 (다음) 버튼을 클릭합니다.

07 | 팀의 조직에 다른 사람들을 초대할 수 있도록 링크가 제공되며 링크를 복사하여 사용할 수 있습니다.

Section 06

전문 학습 커뮤니티 **PLC 팀 만들기**

OneNote 공유 전자 필기장을 전문 학습 커뮤니티로 사용할 수 있도록 제공하는 팀입니다. 메뉴에 PLC(Professional Learning Community) 전자 필기장 메뉴가 생성되며, 언제 어디서나 원하는 장치에서 학습 또는 공동 작업하기 유용하게 제공됩니다.

01 | 전문 학습 커뮤니티 팀을 만들기 위해 MS 팀즈를 실행하고 (팀) 메뉴를 선택한 다음 오른쪽 상단에 (팀 참가 또는 만들기) 버튼을 클릭합니다.

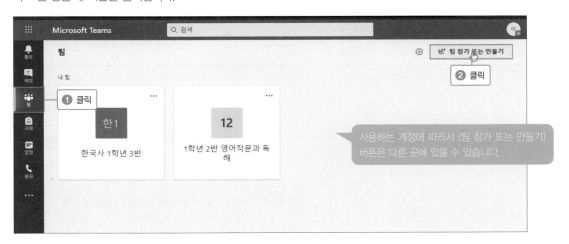

02 | 참가 또는 팀 만들기 페이지로 이동되며 (팀 만들기) 버튼을 클릭하여 팀을 만듭니다.

03 | PLC 형식의 팀을 만들기 위해 팀 유형 선택 대화상자가 표시되면 (전문 학습 커뮤니티(PLC))를 선택합니다.

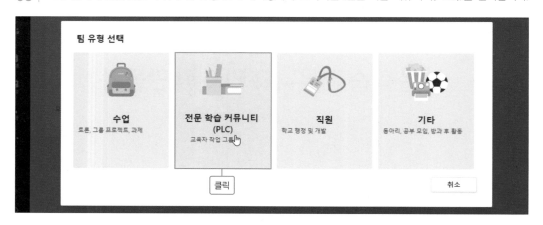

04 | 팀 만들기 대화상자가 표시되면 이름과 설명에 팀 이름과 팀에 대한 자세한 설명을 입력합니다. 개인정보취급방침을 (비공개–팀 소유자만 구성원을 추가할 수 있습니다.)로 선택하여 공개되지 않은 팀으로 설정한 다음 (다음) 버튼을 클릭합니다.

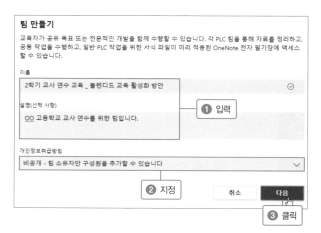

05 | 해당 교육으로 추가할 구성원을 검색하고 (추가) 버튼을 클릭합니다.

06 | PLC 팀으로 초대할 모든 구성원을 추가했다면 (닫기) 버튼을 클릭합니다.

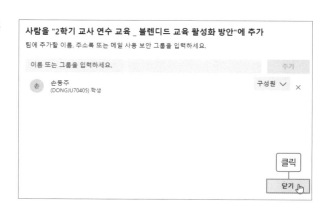

07 | PLC 팀이 만들어졌습니다. 수업에 관련된 팀과의 차이점으로 'PLC 전자 필기장'이 메뉴에 생성되었습니다.

08 | PLC에 대한 문서가 포함된 원노트(OneNote) 공유 전자 필기장이 열립니다. OneNote를 이용하는 것은 수업 전자 필기장과 동일합니다.

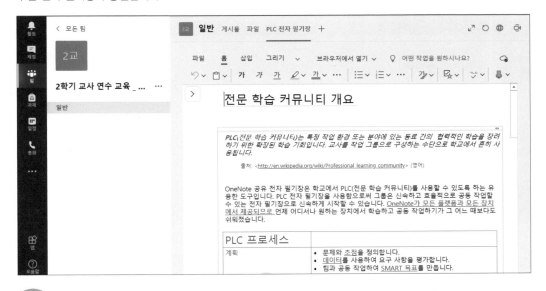

알아두기   전자 필기장을 처음 사용할 경우

전자 필기장을 처음 사용하는 경우 개인 정보 옵션에 대한 확인이 필요합니다. 내용을 확인하고 [닫기] 버튼을 클릭합니다.

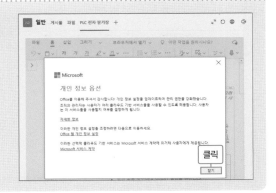

Section 07

학교 행정을 위한 팀 만들기

학교의 행정이나 직원들의 소통을 위한 팀 기능을 제공하며, 불필요한 과제, 평가 기능은 제외하고 팀을 만들 수 있습니다. 기본적으로 교육용 버전에는 전자 필기장이 제공되며 무료 계정에 전자 필기장 기능만 추가된 형태와 동일합니다.

01 | 〔팀〕 메뉴를 선택하고 〔팀 참가 또는 만들기〕 버튼을 클릭한 다음 참가 또는 팀 만들기 페이지에서 팀을 만들기 위해 〔팀 만들기〕 버튼을 클릭합니다.

02 | 팀 유형 선택 대화상자가 표시되면 〔직원〕을 선택하여 학교 행정 및 개발에 관련된 팀을 만듭니다.

03 │ 팀 만들기 대화상자가 표시되면 이름과 설명에 행정 관련된 내용을 입력하고 (다음) 버튼을 클릭합니다.

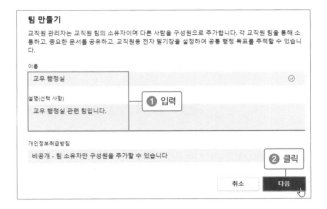

04 │ 구성원을 추가할 수 있으나 이번 단계에서는 구성원 없이 팀을 만들기 위해 (건너뛰기) 버튼을 클릭합니다.

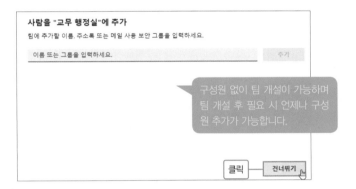

05 │ 직원 관련된 팀 개설이 완료되었으며 상단에 '직원 전자 필기장' 메뉴가 생성된 것을 확인할 수 있습니다.

알아두기　**직원 전자 필기장도 원노트로 생성됩니다.**

Section 08

동아리 활동을 위한 팀 만들기

동아리 및 개별 스터디 등의 활동을 위한 팀을 개설할 수 있으며, 개설된 팀은 수업 활동이 아니기 때문에 수업 관련된 과제, 평가 기능과 전자 필기장 기능도 지원하지 않는 상태로 만들어집니다.

01 │ 동아리 활동을 위한 팀을 만들기 위해 (팀(🔘)) 메뉴를 선택하고 (참가 또는 팀 만들기) 버튼을 클릭한 다음 참가 또는 팀 만들기 페이지에서 (팀 만들기) 버튼을 클릭합니다.

02 │ 팀 유형 선택 대화상자가 표시되면 동아리 관련된 팀으로 방송부 팀을 만들기 위해 (기타)를 선택합니다.

03 | 팀 만들기 대화상자가 표시되면 팀 이름, 설명에 필요한 내용을 입력하고 (다음) 버튼을 클릭합니다.

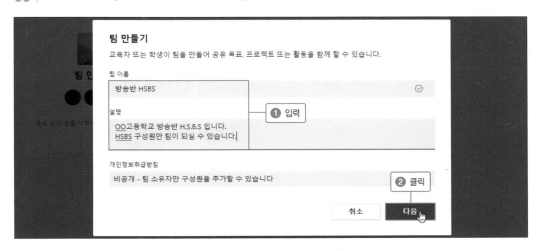

04 | 구성원으로 초대할 계정을 구성원 리스트에 추가하고 (닫기) 버튼을 클릭합니다.

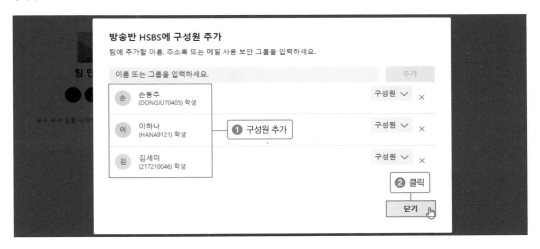

05 | 동아리로 설정한 팀이 만들어졌습니다. 상단 메뉴에 (게시물)과 (파일) 2개의 메뉴만 생성된 것을 확인할 수 있습니다.

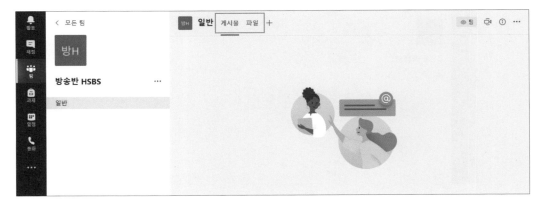

Section **09**

채널을 이용하여 **구성원 관리하기**

조별 단위로 수업 또는 과제를 진행하거나 내부의 팀을 나눠야 하는 경우 채널 기능을 활용할 수 있습니다. 채널을 나누면 채널별로 게시물을 등록하고 소통이 가능합니다.

01 | 팀에 속한 구성원을 채널로 구분하기 위해 팀 이름 옆에 [기타 옵션(⋯)] 버튼을 클릭하고 팝업 메뉴에서 [채널 추가]를 클릭합니다.

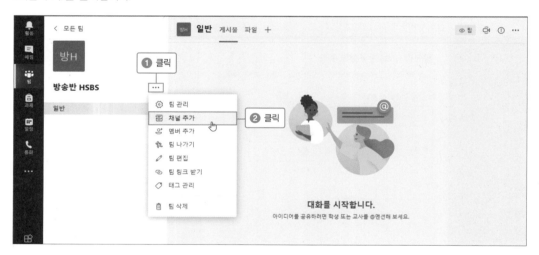

> **알아두기** 팀에 구성원을 추가하기 위해 [기타 옵션(⋯)] 버튼을 클릭하고 팝업 메뉴에서 [멤버 추가] 기능을 활용하여 추가할 수 있습니다.

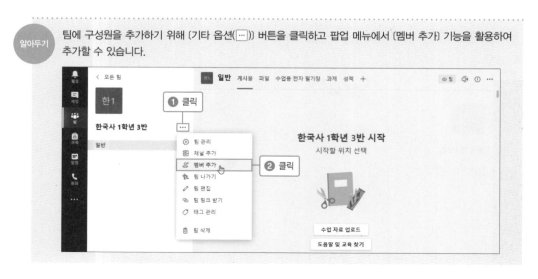

02 │ 채널 만들기 대화상자가 표시되면 채널 이름과 설명을 입력합니다. 자유롭게 채널의 구성원을 비공개로 하여 구성원을 소유자가 구성할 수 있도록 하기 위해 [비공개 – 팀 내 특정 사용자 그룹만 액세스 가능]을 선택합니다.

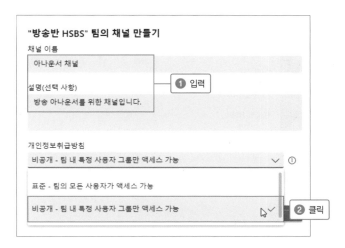

03 │ 모든 설정이 완료되면 [다음] 버튼을 클릭하여 채널에 대한 기본적인 설정을 마무리합니다.

04 │ 팀 내에 속한 구성원을 검색하여 추가하고 [완료] 버튼을 클릭합니다.

05 | 비공개로 채널을 만들어서 채널명에 자물쇠 형태의 아이콘(🔒)이 표시됩니다.

06 | 채널에 포함된 구성원을 확인하고 관리하기 위해, 채널 관리를 할 채널명의 [기타 옵션(···)] 버튼을 클릭하여 팝업 메뉴에서 [채널 관리]를 선택합니다.

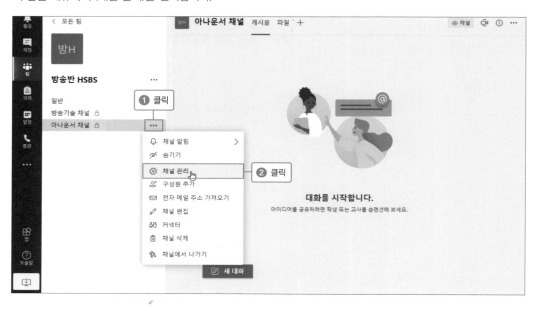

07 | 채널 관리 페이지로 이동되며 멤버, 설정, 분석 3가지 설정 메뉴를 제공합니다. 소유자 외에 구성원을 확인하기 위해 [구성원 및 게스트]를 클릭하면 해당 채널에 속한 구성원을 확인할 수 있습니다.

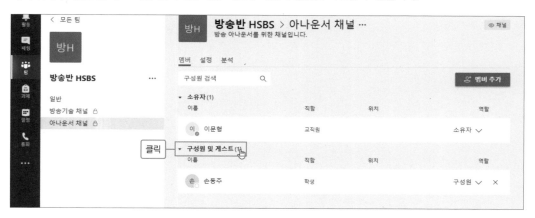

❶ **멤버**: 구성원을 검색하거나 추가할 수 있으며, 구성원의 역할을 변경할 수도 있습니다.

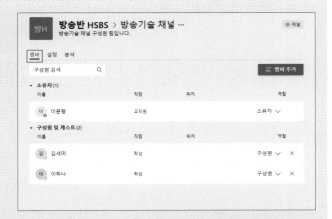

❷ **설정**: 구성원의 권한과 멘션 기능을 설정할 수 있고 스티커 및 밈 기능을 사용할 수 있습니다. 밈(Meme)은 인터넷에서 유행하는 문화 컨텐츠 요소를 의미합니다.

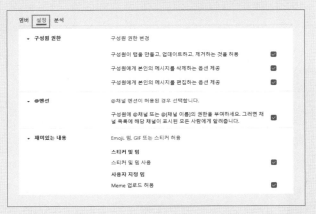

❸ **분석**: 채널의 활동 내용을 분석 데이터로 제공합니다.

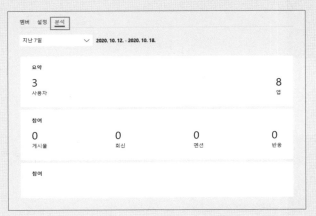

Section 10

팀 관리 기능으로 **구성원 추가하기**

팀을 만들 때 구성원을 추가하거나 멤버 추가 기능을 활용하여 구성원을 추가할 수 있습니다. 팀 관리 기능에도 다양한 기능을 지원하고 있으며 팀 관리 기능으로 구성원을 추가해 보겠습니다.

01 구성원을 추가하기 위해 팀 이름의 오른쪽에 있는 (기타 옵션(⋯)) 버튼을 클릭하여 팝업 메뉴에서 (팀 관리)를 선택합니다.

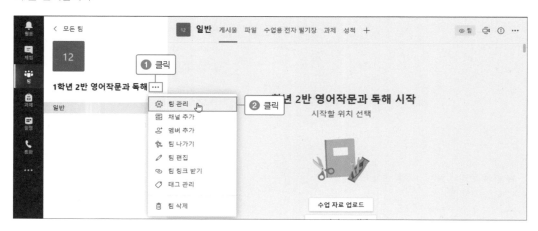

02 팀 관리 기능에는 총 6개의 메뉴가 제공되며, 구성원을 추가하기 위해 (멤버) 메뉴를 클릭합니다. 구성원을 확인하기 위해 (구성원 및 게스트)를 클릭합니다.

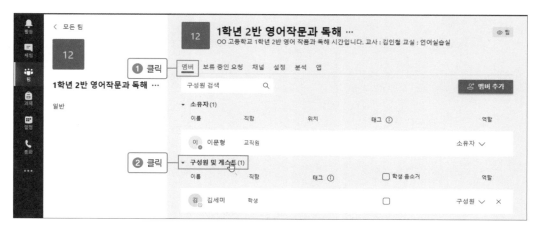

03 | 구성원을 추가하기 위해 오른쪽에 있는 [멤버 추가] 버튼을 클릭합니다.

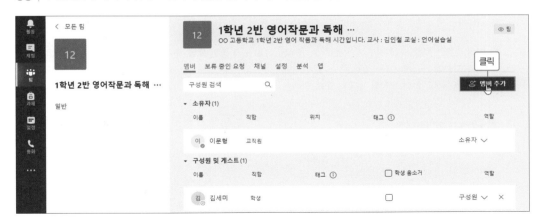

04 | 학생을 검색하여 구성원으로 포함할 학생을 리스트에 추가 적용하고 [닫기] 버튼을 클릭합니다.

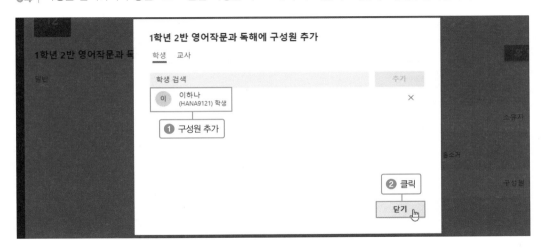

05 | 구성원 및 게스트 항목에 새로 추가한 구성원이 적용된 것을 확인할 수 있습니다.

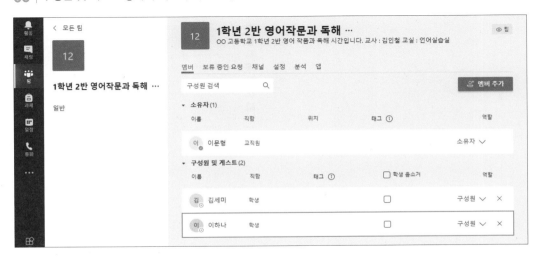

팀 관리에는 총 6개 설정 메뉴를 제공하며 기본적인 팀 단위 관리가 가능합니다.

❶ 멤버: 멤버 전체를 관리하고 학생별로 역할이나 태그 지정이 가능합니다. 구성원을 추가할 수 있는 기능도 지원하며 역할을 소유자 또는 구성원으로 변경이 가능합니다.

❷ 보류 중인 요청: 팀에 참가를 희망하는 경우가 있다면 신청 내용이 표시됩니다.

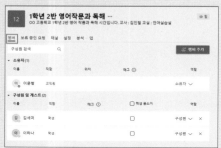

❸ 채널: 구성원을 분류하여 모둠별로 만들거나 부서 등을 구분할 경우 만들어지는 채널을 관리할 수 있습니다.

❹ 설정: 팀에 관련된 다양한 기능을 설정합니다. 팀의 테마부터 구성원, 게스트 설정을 할 수 있으며 팀 코드를 통하여 사용자를 초대할 수 있습니다.

❺ 분석: 팀에 대한 현재 상황 및 전체적인 내용을 분석합니다.

❻ 앱: MS 팀즈에서 사용하는 앱들을 관리할 수 있습니다.

Section 11

팀 코드로 **구성원 초대하기**

구성원을 직접 추가하는 방법이 있지만 필요에 따라서 팀 코드를 제공하여 사용자가 직접 팀 코드를 입력하여 팀에 구성원으로 들어올 수 있습니다. 팀 코드를 생성하고 복사하여 초대하는 방법을 확인하겠습니다.

01 | 팀 코드를 사용하여 구성원을 초대하기 위해 팀 이름 오른쪽에 있는 (기타 옵션(…)) 버튼을 클릭하고 팝업 메뉴에서 (팀 관리)를 선택합니다.

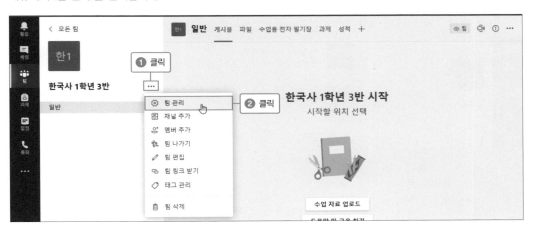

02 | 팀 관리 페이지로 이동하면 상단에 있는 (설정) 메뉴를 클릭합니다. 설정에 포함된 세부 메뉴 중에서 (팀 코드)를 클릭합니다.

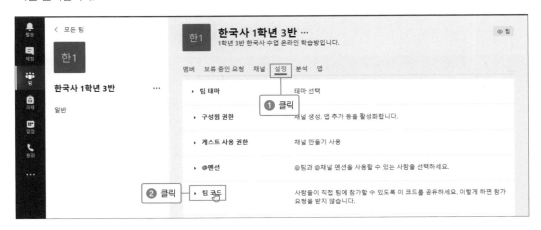

03 │ 학생들을 초대하려면 팀 코드를 생성해야 합니다. 팀 코드를 생성하기 위해 [생성] 버튼을 클릭합니다.

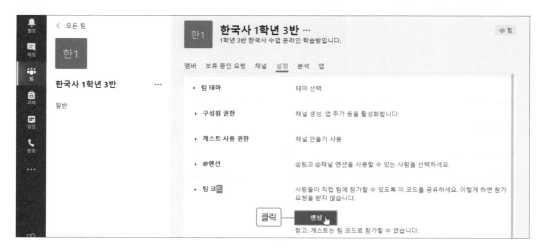

04 │ 무작위로 팀 코드가 생성되며 생성된 팀 코드를 제공하면 팀에 구성원으로 참여할 수 있습니다. 생성된 팀 코드를 확대해서 보기 위해 [전체 화면]을 클릭합니다.

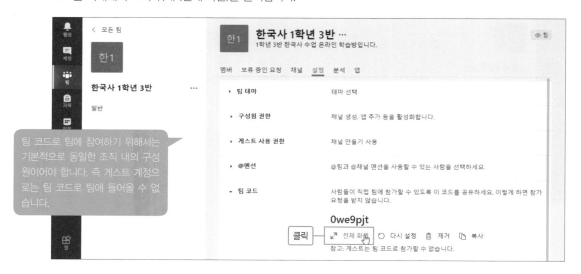

팀 코드로 팀에 참여하기 위해서는 기본적으로 동일한 조직 내의 구성원이어야 합니다. 즉 게스트 계정으로는 팀 코드로 팀에 들어올 수 없습니다.

05 │ 팀 코드가 화면에 크게 표시되며 팀 코드를 직접 보여 주거나 공유할 수 있습니다.

06 | 팀 코드 공유가 완료되면 오른쪽 상단의 (전체 화면 프레젠테이션 끝내기) 버튼을 클릭합니다.

07 | 팀 코드를 직접 복사하려면 (복사)를 클릭합니다. 팀 코드는 클립보드에 저장되며 게시물, 문서 등에 붙여 넣어 코드를 공유할 수 있습니다.

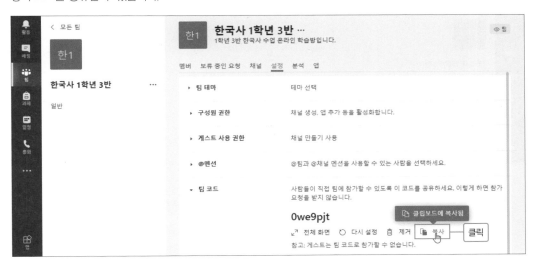

08 | 공유된 팀 코드는 팀 참가 항목에 입력 또는 붙여 넣은 다음 (팀 참가) 버튼을 클릭합니다.

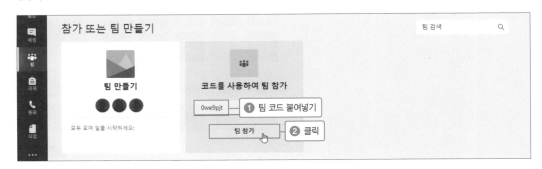

Section **12**

수업의 특징을 고려한 팀 사진 변경하기

　수업의 특징에 따라서 팀 사진을 변경하여 수업의 아이덴티티를 구분할 수 있습니다. 필요에 따라서 제공되는 이미지 외에 사진을 등록하여 사용할 수 있으며 기본적으로 MS 팀즈에는 다양한 팀 사진용 이미지를 제공하고 있습니다.

01 | MS 팀즈 왼쪽 상단에 있는 팀 사진을 변경하기 위해서 팀 사진 오른쪽 하단에 (팀 사진 변경) 버튼을 클릭합니다.

02 | 수업 이름이 표시되고 세부 정보 업데이트를 하기 위해서 이미지가 표시됩니다. 학년 수준을 (중고등), 과목을 (사회 과학)으로 지정합니다. 팀 사진으로 적용하기 위한 이미지를 클릭하고 (업데이트) 버튼을 클릭합니다.

03 | 선택한 이미지로 팀 사진이 변경되었습니다.

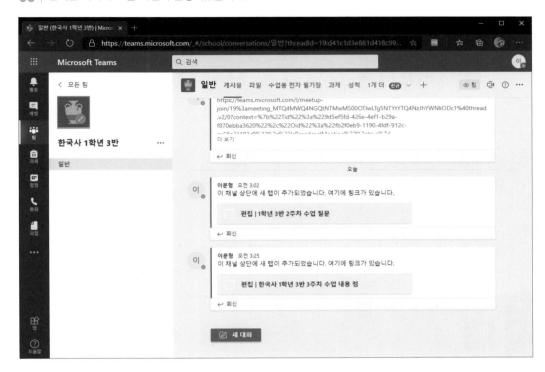

알아두기 메시지 관리를 위한 채널 관리

채널 내에 메시지의 게시 권한을 관리하기 위해서 오른쪽 상단에 있는 (더보기) 버튼을 클릭하고 팝업 메뉴에서 (채널 관리)를 선택합니다.

채널 설정의 사용 권한에서 메시지를 작성할 수 있는 대상자를 제한할 수 있습니다.

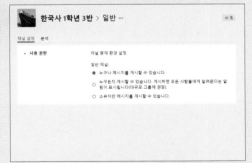

Section 13

이미지를 활용한 팀 사진 변경하기

MS 팀즈에서는 팀 사진에 적용할 다양한 이미지를 제공하고 있지만 필요에 따라서 직접 만든 이미지 또는 사진을 활용할 수 있습니다. MS 팀즈에서 제공하는 팀 사진을 사용하지 않고 직접 만든 팀 사진을 등록해 보겠습니다.

01 │ 팀 사진을 MS 팀즈에서 제공하는 이미지가 아닌 사용자 이미지로 등록하기 위해서 팀 사진 오른쪽 하단의 (팀 사진 변경) 버튼을 클릭합니다.

02 │ 팀 사진을 변경할 수 있는 대화상자가 표시되면 (업로드) 버튼을 클릭합니다.

03 | 열기 대화상자가 표시되면 등록하고자 하는 이미지를 선택하고 (열기) 버튼을 클릭합니다.

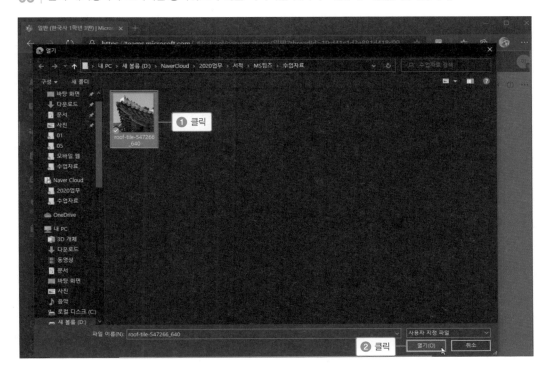

04 | (업로드) 버튼 위치에 선택한 이미지가 표시됩니다. 업로드한 이미지로 팀 사진을 변경하기 위해서 (업데이트) 버튼을 클릭합니다.

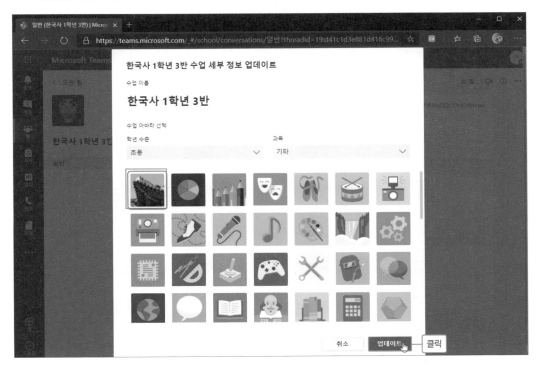

05 | 팀 사진이 업로드한 이미지로 등록되었습니다. 팀 페이지에 적용된 팀 사진을 확인하기 위해서 (모든 팀)을 클릭합니다.

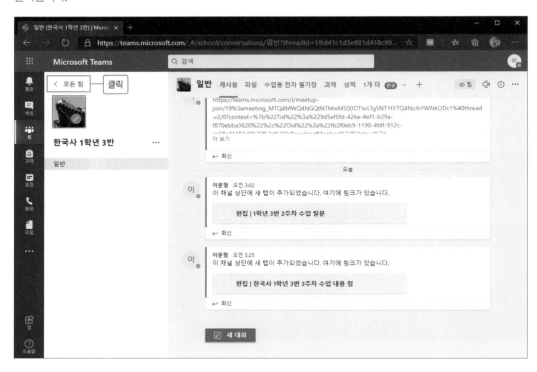

06 | 내 팀에서 업로드한 사진이 잘 적용된 모습을 확인할 수 있습니다.

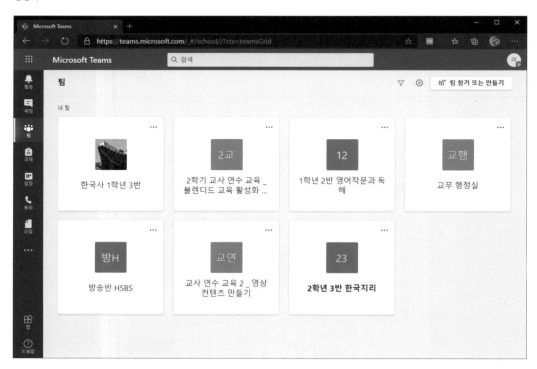

❶ 삭제할 팀의 카드 오른쪽 상단에 (기타 옵션) 버튼을 클릭하고 팝업 메뉴에서 (팀 삭제)를 선택합니다.

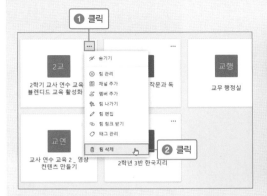

❷ 팀 삭제에 관련된 대화상자가 표시되면 팀 삭제를 위해서 '모든 것이 삭제된다는 것을 알고 있습니다'를 체크해야 (팀 삭제) 버튼이 활성화됩니다. 옵션을 체크하고 (팀 삭제) 버튼을 클릭합니다.

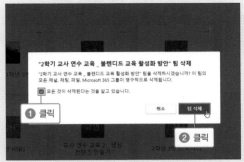

❸ 팀 리스트에서 팀이 삭제된 것을 확인할 수 있습니다.

실시간 영상 수업을 위한 모임 사용하기

MS 팀즈는 온라인 수업을 효과적으로 하기 위한 실시간 영상 수업 기능을 모임이라는 기능으로 지원합니다. 모임 기능은 화면 공유 기능을 통하여 강의 자료 등을 이용하여 수업을 할 수 있고, 수업을 녹화하거나 학생들과 실시간 소통이 가능합니다. 특히 화상 수업에 참여하고 퇴장한 시간을 기록하여 수업 참여 시간 및 출석을 확인할 수 있는 기능도 제공하고 있기 때문에 효율적인 수업을 진행할 수 있습니다.

Part 3

Section 01

모임 예약으로 **실시간 화상 수업 공지하기**

실시간으로 화상 수업을 위해서는 바로 시작하기보다 사전에 수업에 대한 공지를 게시물에 등록하여 학생들이 수업 참여에 대해서 잊지 않도록 하는 것이 좋습니다. 실시간 화상 수업을 진행하기 위하여 모임 예약 기능을 사용해 보겠습니다.

01 │ MS 팀즈의 오른쪽 상단에서 [지금 모임 시작] 버튼을 클릭하고 팝업 메뉴에서 [모임 예약]을 선택합니다.

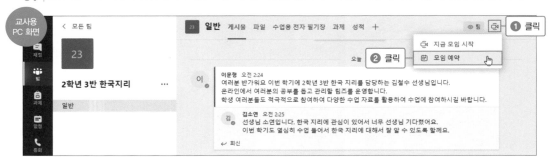

02 │ 새 모임 페이지로 이동하면 수업에 대한 기본적인 정보를 입력합니다. 수업에 대한 내용을 모두 입력했다면 [보내기] 버튼을 클릭합니다.

03 수업에 대한 정보가 게시글에 등록된 것을 확인할 수 있으며, 게시글에 등록한 일정을 클릭하면 모임 기능이 실행되며 실시간 화상 수업이 가능합니다.

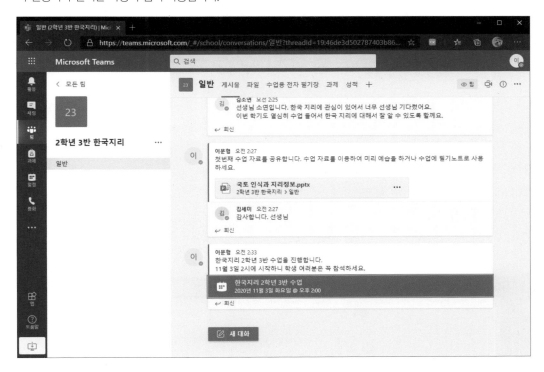

04 학생 MS 팀즈에도 동일하게 게시글로 등록되며, 학생도 동일하게 해당 게시글에 등록된 일정을 클릭한 다음 모임에 접속하여 실시간 화상 수업이 가능합니다.

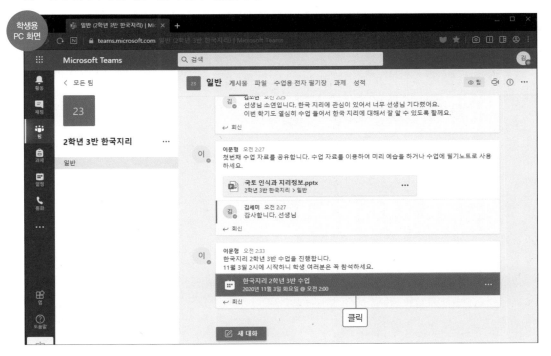

Section 02

모임 메모를 활용하여 **수업 정보 공유하기**

실시간 화상 수업을 진행할 때 필요에 따라서 모임 메모를 사용할 수 있으며 모임 메모는 상단 메뉴에 등록되어 수시로 모임 메모를 선택하여 활용할 수 있습니다. 모임 메모를 상단 메뉴에 등록하고 활용하는 방법을 확인해 보겠습니다.

01 │ 실시간 화상 수업에서 모임 메모를 사용하기 위해 〔지금 모임 시작〕 버튼을 클릭하고 팝업 메뉴에서 〔지금 모임 시작〕을 선택합니다.

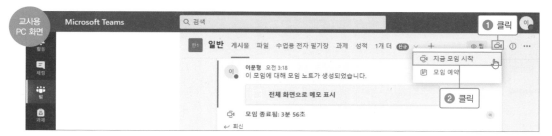

02 │ 실시간 화상 수업 중 모임 컨트롤 패널에서 〔더보기(┅)〕 버튼을 클릭하고 팝업 메뉴에서 〔모임 메모 표시〕를 선택합니다.

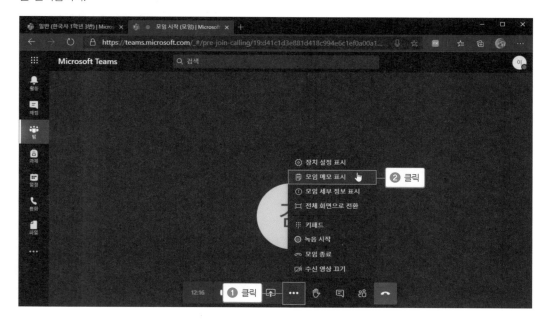

03 | 모임에서 메모 작성을 위해서 (메모 작성) 버튼을 클릭합니다.

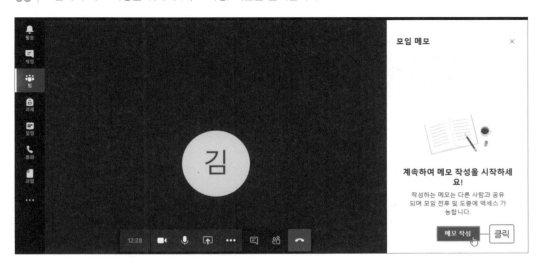

04 | 메모를 작성할 수 있는 문자 입력란이 표시되며 메모에 관련된 타이틀을 입력할 수 있고 메모에 관련된 세부 내용도 작성이 가능합니다.

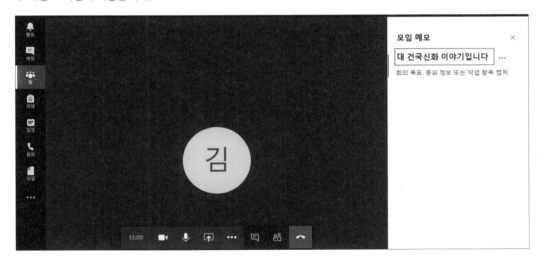

알아두기

모임 메모에서 (메모 탭 보기)를 클릭하면 실시간 화상 수업 화면은 왼쪽 상단으로 이동하며 작은 화면으로 축소됩니다. '미팅 노트' 메뉴로 이동하여 입력된 미팅 노트를 확인할 수 있습니다. 실시간 화상 수업으로 복귀하기 위해서는 영상을 클릭하면 이동됩니다.

05 | 브라우저의 새로운 탭에서 MS 팀즈에 접속하고 팀즈의 게시물을 보면 실시간 수업 게시물 하단에 모임 노트가 생성되었다는 표시가 있습니다. 상단 메뉴에 '신규' 표시와 함께 '1개 더'라고 표시되어 있습니다. 숨겨진 신규 메뉴가 있다는 표시입니다.

> 브라우저 크기에 따라서 '1개 더' 표시 대신 실제 메뉴명이 나타날 수 있습니다.

06 | [1개 더] 메뉴 표시를 클릭하여 팝업 메뉴에서 [미팅 노트]를 선택합니다.

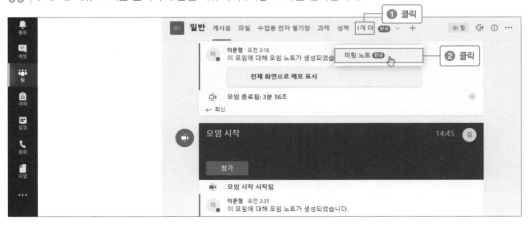

알아두기   학생 화면에도 동일하게 상단에 '미팅 노트' 메뉴가 생성됩니다.

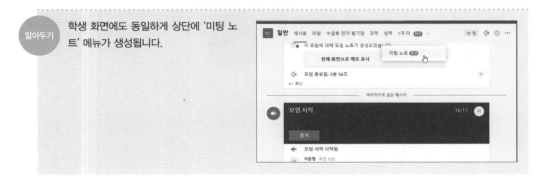

07 | 미팅 노트로 이동되며 해당 모임 메모를 확인할 수 있습니다. 미팅 노트 화면에서 필요한 내용을 추가하여 작성할 수도 있습니다.

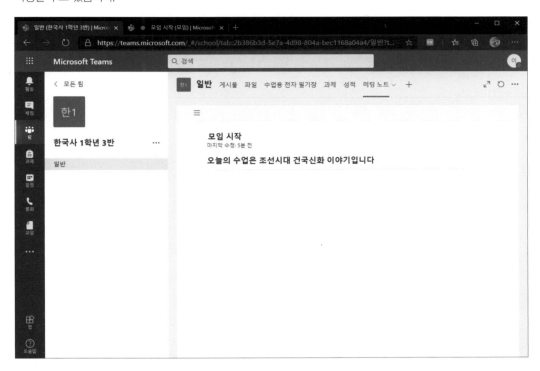

알아두기

게시물에 모임 노트 생성되었다는 메시지의 (전체 화면으로 메모 표시) 버튼을 클릭하면 모임 노트로 이동됩니다.

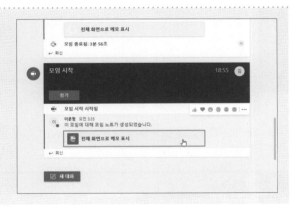

Section 03

일정을 활용하여 **실시간 수업 예약하기**

　일정 기능을 이용하여 실시간 수업을 예약하고 참여할 수 있습니다. 학생은 해당 수업에 대해서 참여 여부를 결정하여 선생님에게 전달할 수 있습니다. 실시간 수업을 참여하기 위해서 일정 기능을 활용해 보겠습니다.

01 | 팀즈의 왼쪽에 있는 [일정] 메뉴를 선택하여 일정 페이지로 이동합니다.

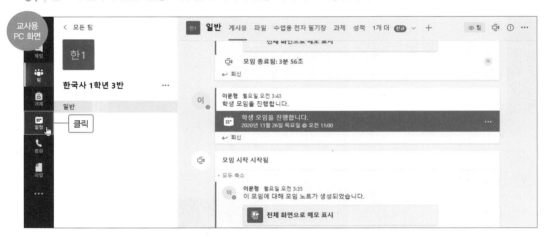

02 | 실시간 화상 수업이 등록되어 있으며 수업에는 진행자 이름이 표시되어 어떤 내용으로 수업을 진행하는지 확인 가능합니다.

03 새로운 실시간 화상 수업을 예약 등록하기 위해서 오른쪽 상단의 (새 모임) 버튼을 클릭합니다.

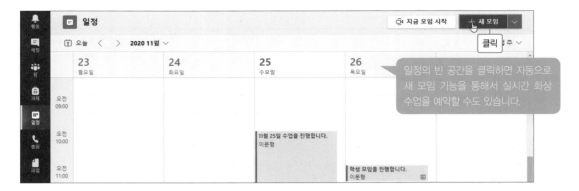

04 새 모임 페이지로 이동되며 모임에 관련된 세부 정보를 입력할 수 있습니다. 수업의 내용과 시간, 세부 내용 등을 입력합니다.

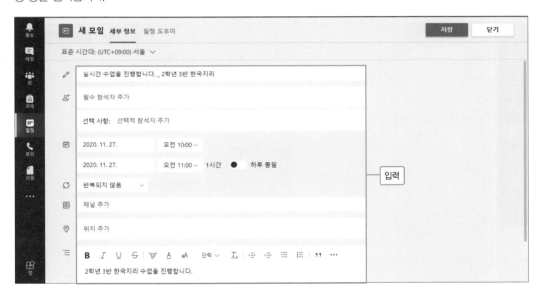

05 일정은 기본적으로 팀즈가 선택된 것이 아닌 계정을 기준으로 표시됩니다. 어떤 팀에서 실시간 화상 수업을 할지 선택해야 합니다. 세부 정보 입력 창 중에서 (채널 추가)를 클릭하고 팝업 메뉴에서 예약할 팀을 선택합니다.

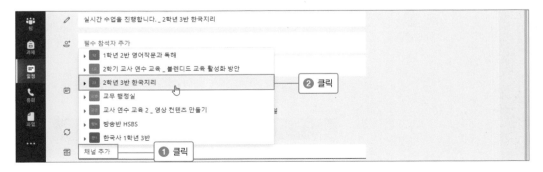

06 │ 실시간 화상 수업을 예약하기 위한 모든 내용이 입력되었다면 오른쪽 상단에 있는 [보내기] 버튼을 클릭하여 예약을 완료합니다.

07 │ 일정에 예약이 등록되는 동안에는 흐린 색으로 해당 시간대에 박스가 표시되며, 적용이 완료되면 원래 색상으로 표시됩니다.

08 │ 교사와 학생 모두 게시물에 실시간 화상 수업이 예약된 것을 확인할 수 있습니다.

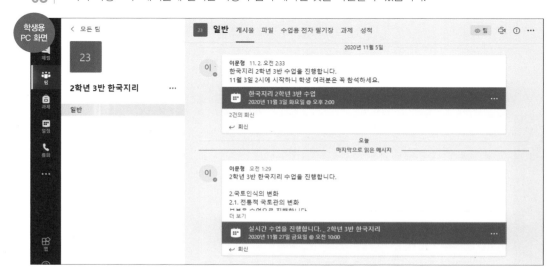

09 │ 수업에 관한 세부 정보를 확인하기 위해서 실시간 수업 진행 메시지 오른쪽의 [더보기(•••)] 버튼을 클릭하고 팝업 메뉴에서 [모임 세부 정보 보기]를 선택합니다.

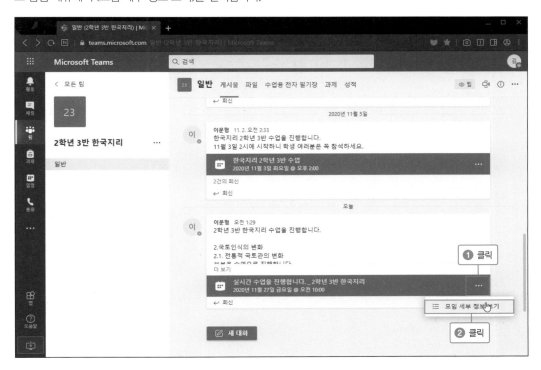

10 │ 실시간 화상 수업에 관한 세부 정보를 확인할 수 있는 페이지로 이동되었으며 추적에 수업을 만든 이끌이가 표시됩니다. 모임에 참석할 수 있는 링크도 페이지 하단에 표시됩니다.

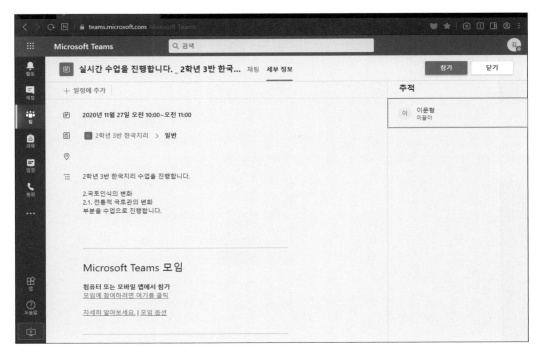

Section 04

일정에서 실시간 **화상 수업 참여 여부 선택하기**

교사인 진행자를 제외하고 참여할 학생들은 교사가 등록한 실시간 화상 수업 예약 일정에서 수업 참여에 대한 여부를 결정하고 교사에게 알릴 수 있습니다. 수락, 미정, 거절 3가지 중에서 선택하며 거절하면 일정에서 삭제됩니다.

01 | 〔일정〕 메뉴를 선택하여 일정으로 이동하면 예약된 일정이 표시됩니다. 본인이 속한 팀에서 진행하는 모든 실시간 화상 수업 내용이 표시되며, 각 일정 왼쪽에는 수업 참여에 대한 미정 상태를 의미하는 사선이 표시되어 있습니다.

02 | 일정에 등록되어 있는 실시간 화상 수업 예약 내용을 클릭하면 해당 일정에 대한 세부 내용이 팝업 형태로 표시됩니다. 선택한 실시간 화상 수업에 참가하거나 참석 여부를 설정할 수 있습니다.

교사의 일정 페이지에서 일정에 등록된 실시간 화상 수업을 클릭하면 팝업 창에 학생과 다르게 (참가), (편집) 버튼이 표시됩니다. (편집) 버튼을 클릭하면 해당 실시간 화상 수업에 예약된 내용을 변경할 수 있습니다.

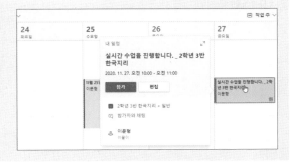

03 | 내 일정에서 (참석 여부 알림) 버튼을 클릭하여 팝업 메뉴에서 (수락)을 선택합니다.

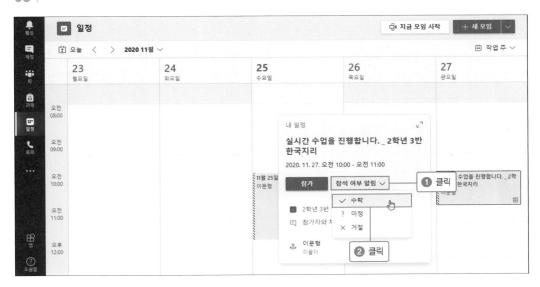

04 | (수락됨)으로 버튼이 변경되었습니다. 해당 일정의 왼쪽에 사선이 실선 형태로 변경되어 수락된 실시간 화상 수업인 것을 확인할 수 있습니다.

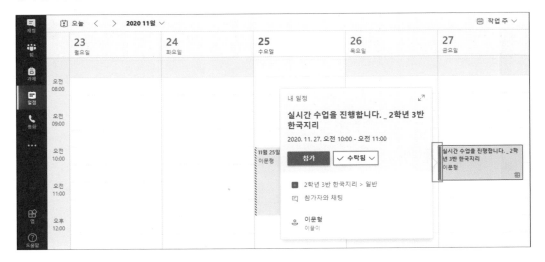

05 | 교사 화면에서 일정 내용을 클릭하고 내 일정에서 (편집) 버튼을 클릭합니다.

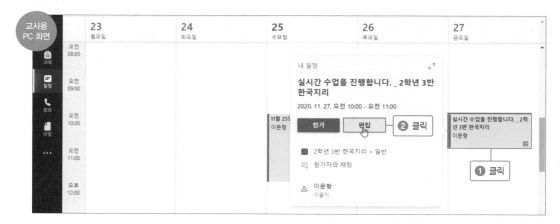

06 | 해당 수업에 대한 세부 정보를 확인할 수 있으며 추적의 선택 사항에서 참여를 수락한 학생이 표시됩니다. 필수 참석자의 선택 사항에도 수락한 학생이 표시됩니다.

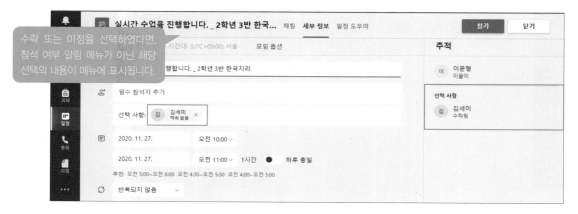

07 | 사선으로 표시되어 참여를 정하지 못한 일정을 클릭하여 내 일정에서 (참석 여부 알림) 버튼을 클릭한 다음 팝업 메뉴에서 (거절)을 선택합니다.

08 │ 거절한 일정의 내용은 일정에서 삭제되어 사라지게 됩니다.

09 │ 삭제된 일정은 일정에서만 삭제된 것으로 게시물에 등록된 실시간 화상 수업 일정은 그대로 유지됩니다.

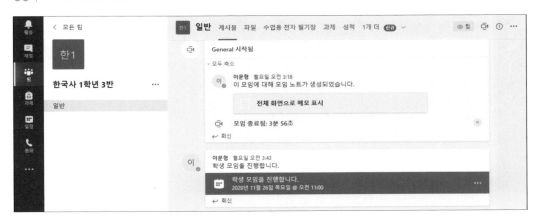

10 │ 거절된 수업을 참여하기 위해서 모임에 대한 게시물 오른쪽에 [더보기] 버튼을 클릭하고 팝업 메뉴에서 [모임 세부 정보 보기]를 클릭합니다.

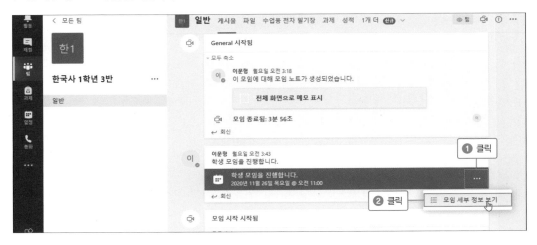

11 해당 수업에 대한 세부 정보로 이동하면 추적의 선택 사항에 '거절됨'이라고 표시되어 있는 것을 확인할 수 있습니다.

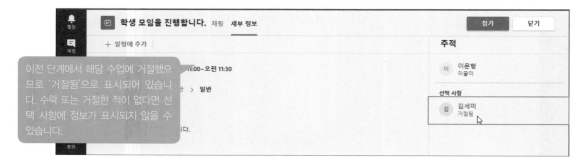

12 거절한 수업을 수락으로 변경하기 위해서 왼쪽 상단의 [일정에 추가]를 클릭합니다.

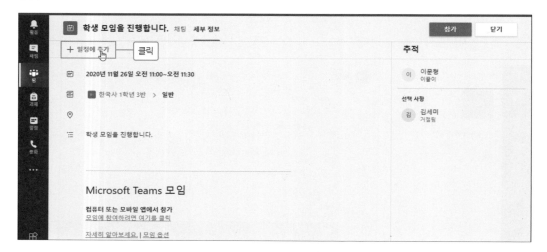

13 일정에 추가되며 선택 사항에 '수락됨'으로 표시가 변경된 것을 확인할 수 있습니다.

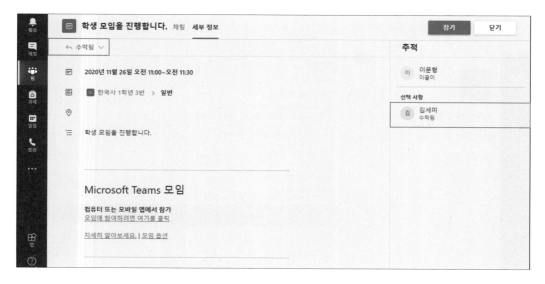

수락된 일정에는 '수락됨'으로 표시되며 〔수락됨〕을 클릭하면 팝업 창으로 참석 여부 알림 대화상자가 표시됩니다. 수락, 미정, 거절을 선택하여 참석 여부를 변경할 수 있습니다.

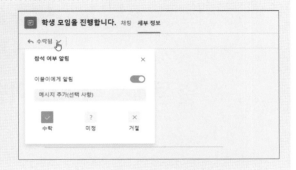

14 | 거절하였던 실시간 화상 수업이 일정에 다시 표시되며 실선으로 수락된 일정인 것을 확인할 수 있습니다.

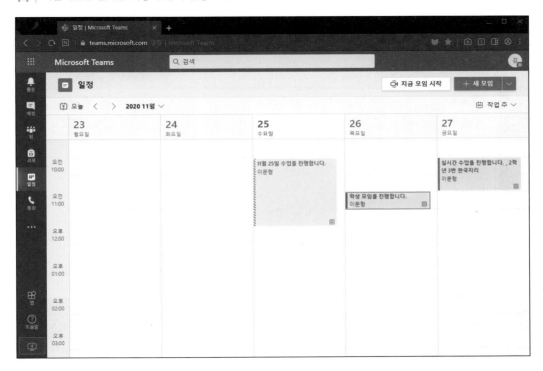

교사의 팀즈에서 실시간 화상 수업에 관한 세부 정보를 확인하면 선택 사항에 수락되거나 미정, 거절된 학생들을 확인할 수 있으며 응답한 학생들은 참석자의 선택 사항에도 표시됩니다.

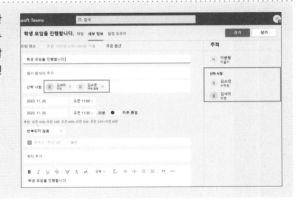

Section 05

일정에서 **라이브 이벤트 예약하기**

팀에서 모임을 이용하여 실시간 화상 수업을 하는 것이 아니라 전체 학생을 대상으로 라이브 이벤트를 만들기 위해서 라이브 이벤트 기능을 사용해 보겠습니다.

01 | 일정에서 (새 모임) 버튼 오른쪽에 있는 (확장) 버튼을 클릭하고 팝업 메뉴에서 (라이브 이벤트)를 선택합니다.

02 | 새 라이브 이벤트 대화상자가 표시되면 라이브 이벤트의 제목과 위치, 시작과 종료 시간, 세부 정보 등을 입력합니다. 정보를 모두 입력했다면 (다음) 버튼을 클릭합니다.

03 │ 라이브 이벤트에 관련된 권한을 설정하는 내용이 표시됩니다. 전체 학생에게 라이브 이벤트를 진행할 예정이므로 [조직 전체]를 선택합니다.

04 │ 라이브 이벤트에 관한 세부 설정을 Teams 항목에서 선택합니다. 모든 설정이 완료되면 [예약하기] 버튼을 클릭합니다.

05 | 최종적으로 라이브 이벤트에 등록된 세부 정보를 확인할 수 있습니다. 설정이 완료되었다면 (닫기) 버튼을 클릭합니다.

참석자 초대를 위해서 링크를 복사합니다. 일정을 더블클릭하면 해당 라이브 이벤트로 이동할 수 있습니다.

라이브 이벤트 페이지로 이동되면 (참석자 링크 가져오기)를 클릭하여 링크를 복사합니다. 복사된 링크는 게시물이나 블로그, 웹사이트 등에 게시글로 등록할 수 있습니다.

Section 06

게시물에 등록된 **모임 예약으로 수업 시작하기**

　게시물에 등록된 모임 예약을 통하여 수업을 시작하거나 참여할 수 있습니다. 모임 예약으로 등록된 수업의 경우 모임 옵션을 통하여 참석자와 발표자를 구분할 수 있으며 대기실 기능을 설정할 수 있습니다.

01 │ 실시간 화상 수업을 위해 등록된 모임 예약 게시글의 일정을 클릭합니다.

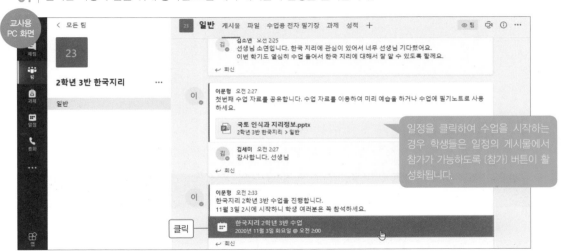

02 │ 수업 정보가 작성된 모임 세부 정보로 이동됩니다. 필요한 정보가 있다면 수정이 가능하며 모임에 접속하는 학생들의 권한과 방법을 변경하기 위해서 (모임 옵션)을 클릭합니다.

03 │ 모임 옵션 페이지로 이동되며 학생들은 참석만 하고 수업 진행은 교사가 하도록 하기 위해 '누가 발표할 수 있나요?'의 [모든 사용자] 버튼을 클릭하고 팝업 메뉴에서 [나만]을 선택합니다.

04 │ 모임 옵션에 필요한 설정을 모두 완료하였다면 [저장] 버튼을 클릭하여 설정을 저장합니다.

05 | 설정이 저장되면 (저장) 버튼 클릭 위치에 '완료!'라고 표시가 변경되며, 수업을 위한 모임 설정 페이지로 이동하기 위해 (Microsoft Teams) 탭을 클릭합니다.

06 | 실시간 화상 수업을 시작하기 위해 오른쪽 상단에 (참가) 버튼을 클릭합니다.

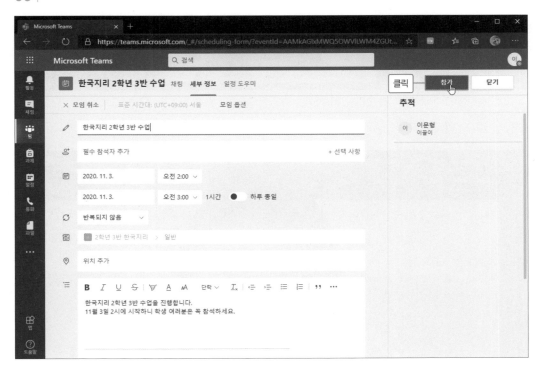

07 │ 브라우저에서 마이크나 웹캠 사용이 설정되어 있지 않은 경우 브라우저에서 허용할지 묻는 대화상자가 표시되면 수업에 필요하므로 (허용) 버튼을 클릭합니다.

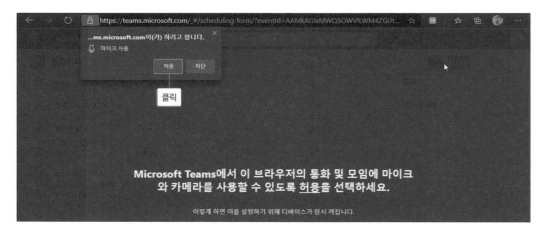

08 │ 수업을 진행하기 위해서 카메라 및 마이크 등의 설정을 확인할 수 있으며, 수업을 시작하기 위해서 (지금 참가) 버튼을 클릭합니다.

웹브라우저에서 영상 화면 배경에 크로마키 합성 기능을 지원하지 않기 때문에 MS 팀즈 앱을 설치해야 합니다.

09 │ 수업이 시작되며 영상과 마이크를 통한 음성 입력이 가능합니다.

10 | 학생 MS 팀즈의 게시물에 [참가] 버튼이 활성화되어 바로 실시간 화상 수업에 참여할 수 있으며, 현재 참여한 사람들을 확인할 수 있습니다. 수업에 참여하기 전에 수업에 대한 세부 정보를 확인하기 위해 일정 항목을 클릭합니다.

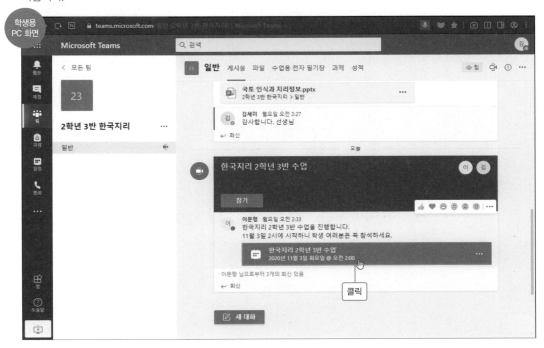

11 | 실시간 화상 수업에 관한 정보를 확인하고 수업에 참여하기 위해 [참가] 버튼을 클릭합니다.

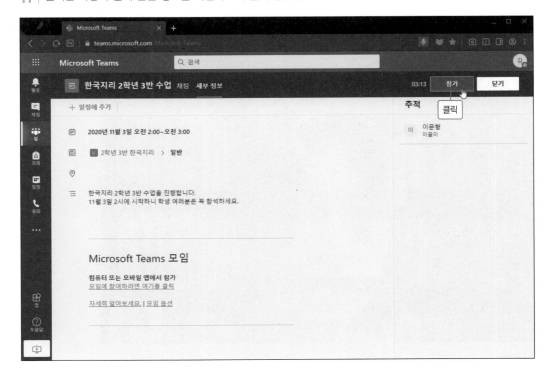

12 | 수업에 참여하기 전 카메라, 마이크 등을 확인할 수 있는 페이지로 이동되며 수업에 참여하기 위해 (지금 참가) 버튼을 클릭합니다.

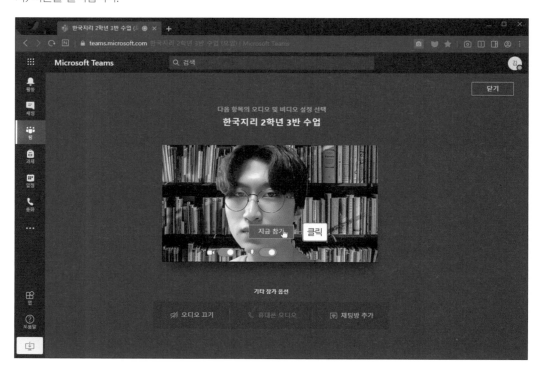

13 | 학생들은 참석자로 설정되어 있기 때문에 참석자로 화면 상단에 표시되며, 콘텐츠 공유 및 활용이 불가능하다는 정보가 표시됩니다. 정보를 더 이상 보지 않으려면 (해제) 버튼을 클릭합니다. 학생 본인 화면은 오른쪽 하단에 작게 표시되며 나머지 발표자 및 참석자가 화면에 표시됩니다.

Section 07

실시간 화상 수업 시작을 위해 **지금 모임 만들기**

모임 예약을 통해서 실시간 화상 수업을 할 수 있지만, 모임 예약 기능을 사용하지 않고 필요할 때 바로 수업을 시작할 수 있도록 지금 모임 시작 기능을 제공하고 있습니다. 실시간 화상 수업을 시작해 보겠습니다.

01 | 실시간 화상 수업을 시작하기 위해서 오른쪽 상단에 (지금 모임 시작) 버튼을 클릭하고 팝업 메뉴에서 (지금 모임 시작)을 선택합니다.

02 | 카메라 및 마이크를 사용하기 위해서 브라우저에 대화상자가 표시됩니다. (허용) 버튼을 클릭하여 마이크 및 카메라를 실시간 수업에 사용하도록 설정합니다.

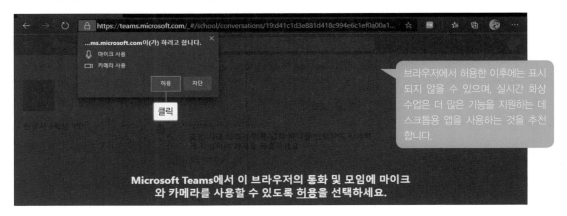

03 │ 카메라 화면을 확인할 수 있는 대화상자가 표시되며, 상단에 수업에 관한 정보를 입력합니다.

04 │ 수업이 시작되었지만 아직 접속한 학생이 없으며, 학생 리스트가 화면에 표시됩니다. 학생들 중 온라인인 학생은 프로필 오른쪽 하단에 녹색 체크가 표시되어 있습니다.

알아두기 학생이 참석하지 않는 경우 학생 이름 오른쪽에 있는 (더보기(⋯)) 버튼을 클릭하여 (참가 요청)을 선택하면 참가 요청을 보내 참가를 유도할 수 있습니다.

05 학생의 팀즈에서 수업 제목과 함께 (참가) 버튼이 표시됩니다. 현재 참가된 사람들과 수업 시작됨이 표시됩니다. 수업에 참여하기 위해 (참가) 버튼을 클릭합니다.

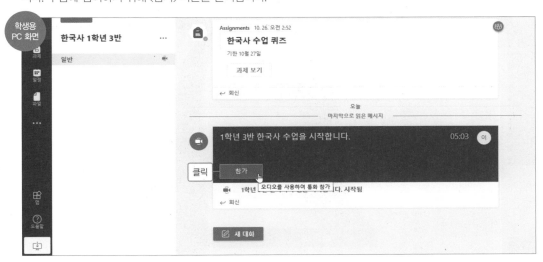

06 수업에 바로 참여되며, 모임 옵션을 통한 설정이 없었기 때문에 모든 학생들이 발표자로 설정되어 수업에 접속하게 됩니다.

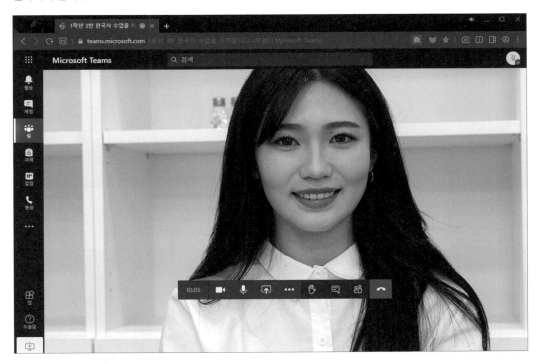

 실시간 화상 수업에 참여한 학생들을 확인하기 위해서 사람(⊙) 오른쪽에 있는 (더보기(⋮)) 버튼을 클릭하고 팝업 메뉴에서 (참석자 목록 다운로드)를 선택합니다. 수업에 참여한 모든 학생의 접속 시간과 퇴장 시간이 표시되어 출석 자료로 활용이 가능하며, 엑셀 파일로 저장됩니다.

07 | 웹브라우저에서는 전화 끊기 기능으로 교사 또는 학생이 직접 수업 종료가 가능합니다.

08 | 수업을 종료하는 경우 통화 품질에 대한 품질 평가 창이 표시됩니다. 별점을 표시할 수 있으며 별점 표시한 다음 (해제) 버튼을 클릭합니다.

09 | 별점에 대한 평가 표시와 함께 실시간 화상 수업이 종료되었음을 알려줍니다.

10 │ 수업이 종료되면 수업 시간 및 참여자를 표시하며 수업에 대한 댓글을 달 수도 있습니다.

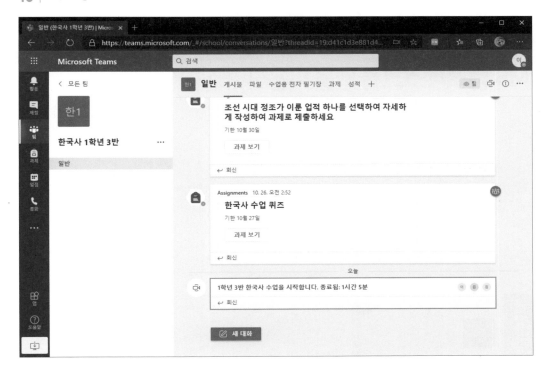

알아두기 화이트보드로 작업 공유하기

화이트보드를 사용할 때 이끌이만 작성하거나 참여자가 같이 작성하도록 만들 수 있습니다. 협업을 할 때 매우 유용하게 사용할 수 있으며 필요에 따라서 수업과 토론 등에서 활용할 수 있습니다. 특히 마인드맵을 작성할 때 모든 사용자가 같이 만들 수 있는 장점이 있습니다.

❶ (Microsoft Whiteboard)를 클릭하여 화이트보드가 활성화되면 오른쪽 상단에 (환경 설정) 버튼을 클릭합니다.

❷ 설정 중에서 다른 참가자 편집 가능의 (토글 스위치)를 클릭하여 화이트보드를 공유하고 작성할 수 있습니다. 학생들도 화이트보드를 작성할 수 있을 때 상단에 여러 가지 펜 기능을 지원하는 컨트롤 패널이 표시됩니다.

Section 08

MS 팀즈 데스크톱 앱을 이용하여 실시간 화상 수업하기

웹브라우저에서 MS 팀즈의 대부분의 기능을 지원하지만, 모임 기능은 웹브라우저에 비해서 데스크톱 앱이 실시간 화상 수업을 할 때 더 많은 기능을 활용할 수 있습니다. 실시간 화상 수업을 위해서는 데스크톱 앱을 사용하는 것을 추천하며 배경 합성 기능을 이용하여 수업을 활용해 보겠습니다.

01 | MS 팀즈 앱을 실행하고 실시간 화상 수업을 하기 위해서 수업을 하는 팀에 접속합니다. 팀의 오른쪽 상단에 있는 (지금 모임 시작) 버튼을 클릭하고 팝업 메뉴에서 (지금 모임 시작)을 선택합니다.

02 | 모임을 시작할 수 있는 창이 표시되며 카메라, 마이크 등의 설정이 활성화되어 있고 작동되는지 확인합니다. 영상 상단의 바에 수업에 관한 정보를 입력합니다.

03 | 카메라 또는 마이크 설정을 변경하기 위해서 [환경 설정] 버튼을 클릭하여 장치 설정에서 변경합니다. 설정이 완료되면 [닫기(×)] 버튼을 클릭합니다.

04 | 배경 화면 기능을 사용하기 위해서 마이크 오른쪽에 [배경 설정(▦)] 버튼을 클릭합니다. 오른쪽에 표시된 배경 설정 화면 중 원하는 배경을 선택합니다.

05 | 배경이 변경된 것을 확인할 수 있습니다. 필요에 따라서 배경을 흐리게 처리할 수 있으며 선택된 배경에는 체크가 표시되어 있습니다. 모든 설정이 완료되면 [지금 참가] 버튼을 클릭합니다.

알아두기
MS 팀즈 데스크톱 앱을 이용하여 실시간 화상 수업을 처음 사용하는 경우 Windows 보안 경고 창이 표시될 수 있으며 통신 허용 범위를 선택하고 (액세스 허용) 버튼을 클릭합니다.

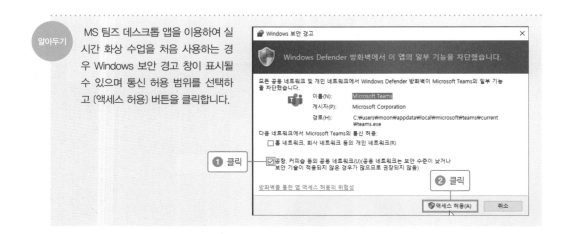

06 │ 선택한 배경 이미지로 설정되어 표시된 것을 확인할 수 있으며 발표자나 참석자가 움직이면 움직임에 따라서 실시간으로 배경이 변경됩니다.

알아두기
참가자 창은 필요에 따라서 숨기거나 표시할 수 있습니다. 상단에 있는 (참가자( )) 버튼을 클릭하면 숨기기 또는 표시할 수 있습니다.

Section 09

채팅과 손 들기로 **실시간 화상 수업 중 질문하기**

수업 중에 학생은 교사에게 채팅 또는 손 들기 기능을 이용하여 질문이 있음을 알릴 수 있습니다. 마이크를 통하여 음성으로 질문할 수 있으며, 마이크 사용을 제한했다면 교사가 마이크 음소거를 해제하여 질문을 받을 수 있습니다.

01 │ 학생이 수업 중 교사에게 질문을 하기 위해서 채팅으로 질문이 있음을 알립니다. 모임 컨트롤 패널에서 〔대화 표시(🗨)〕 버튼을 클릭합니다.

02 │ 모임 세부 정보 하단에 질문이 있다는 메시지를 입력하고 〔보내기〕 버튼을 클릭합니다.

03 │ 새로운 채팅이 있는 경우 [대화 표시] 버튼에 주황색 점으로 안 읽은 채팅이 있다고 알려줍니다. 채팅 내용을 확인하기 위해서 [대화 표시(🗨)] 버튼을 클릭합니다.

04 │ 채팅 메시지로 질문이 있다고 학생이 메시지를 보냈기 때문에 학생에게 채팅으로 질문을 받거나 음소거를 해제하여 음성으로 질문을 받고 답변할 수 있습니다.

05 │ 채팅 메시지로 질문이 있다고 보냈지만 교사가 채팅을 보지 못하고 계속 수업하는 경우 손 들기 기능을 이용하여 표시할 수 있습니다. 모임 컨트롤 패널에서 [더보기] 버튼을 클릭하고 팝업 메뉴에서 [손 들기]를 선택합니다.

06 | 손 들기를 선택한 학생의 화면에 노란색 테두리, 이름, 손바닥 아이콘이 화면 상단과 하단에 표시됩니다. 일정 시간 이후에는 손바닥 알림 외에 알림 표시가 사라지기 때문에 여러 학생들 중 손을 든 학생을 확인하기 위해 〔참가자 표시(👥)〕 버튼을 클릭합니다.

07 | 손을 든 학생을 확인한 다음 질문을 받고 답변을 합니다. 답변이 완료되면 손을 든 학생(✋)의 오른쪽 〔더보기(⋯)〕 버튼을 클릭하고 팝업 메뉴에서 〔손 내리기〕를 선택합니다.

Section 10

화이트보드 기능으로 **판서하며 수업하기**

    수업 시간 중 프레젠테이션 문서나 자료로 설명이 어려운 경우 별도로 칠판에 쓰거나 그리는 등의 작업을 통하여 학습 효과를 높일 수 있습니다. MS 팀즈에서는 실시간 화상 교육 중에는 칠판 기능인 화이트보드와 프리핸드를 지원합니다. 단, 프리핸드의 경우 추가적으로 설치가 필요합니다.

01 | 실시간 수업 중 화이트보드를 사용하기 위해서 모임 컨트롤 패널에서 (콘텐츠 공유(⬆)) 버튼을 클릭합니다.

02 | 콘텐츠 공유가 가능한 모니터 화면과 각각의 프로그램 리스트가 표시되며, 화이트보드를 사용하기 위해서 오른쪽에 있는 (Microsoft Whiteboard)를 클릭합니다.

03 화이트보드는 수업에 참여한 모두가 작성이 가능하며 필요에 따라서 교사만 사용할 수 있도록 설정할 수 있습니다. 학생들도 참여가 가능하도록 (화이트보드에서 공동으로 작업합니다. 모든 사용자가 편집할 수 있습니다.)를 선택한 다음 (화이트보드에서 공동 작업) 버튼을 클릭합니다.

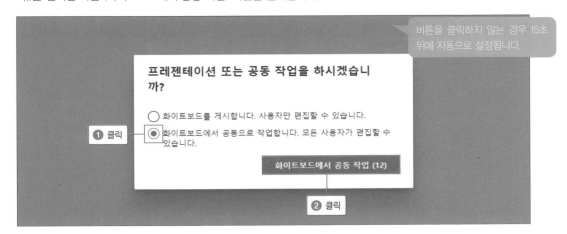

04 필요에 따라서 공동 또는 교사 혼자 화이트보드를 사용하도록 설정할 수 있습니다. 오른쪽 (설정(⚙)) 버튼을 클릭한 다음 다른 참가자가 편집할 수 있음의 (토글 스위치)를 클릭하여 교사만 작성하도록 설정하고, 설정이 완료되면 (닫기) 버튼을 클릭합니다.

> **알아두기**
>
> 화이트보드로 작성한 내용을 이미지로 저장할 수 있으며 (설정)의 (이미지 내보내기(PNG))를 클릭하면 다운로드가 가능합니다.

05 화이트보드에 필요한 내용을 작성하면서 수업을 진행합니다. 모든 학생의 화면에 화이트보드가 표시되며 학생 화면은 하단에 작게 표시됩니다.

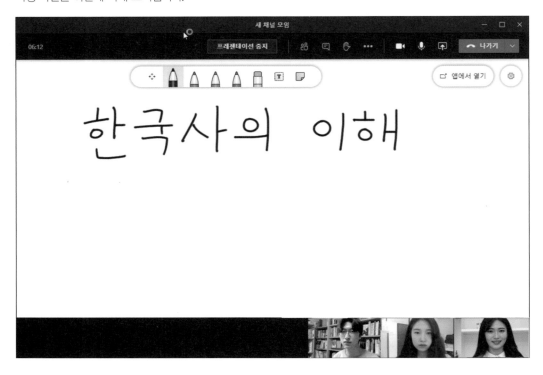

알아두기 오른쪽 상단에 〔앱에서 열기〕 버튼을 클릭하면 화이트보드 앱을 따로 설치하는 대화상자가 표시됩니다.

Section 11

실시간 화상 수업에 **콘텐츠 공유하기**

수업에 필요한 콘텐츠를 실시간 수업 화면에 공유하여 수업을 진행할 수 있으며, 필요 시 PPT나 기타 강의 자료를 사용하여 수업을 진행할 수 있습니다. 다양한 자료를 효과적으로 사용하기 위해서는 콘텐츠 공유 기능을 활용해야 합니다.

01 │ 수업에 PDF로 만든 수업 자료를 사용하기 위해서 미리 PDF 문서를 열어 두고, 모임 컨트롤 패널에서 (콘텐츠 공유(⬆)) 버튼을 클릭합니다.

02 │ 하단에 공유할 수 있는 브라우저나 프로그램, 모니터 전체 화면 등이 표시됩니다. 표시된 화면 중에서 수업에 사용하기 위해서 미리 열어 둔 PDF 문서를 클릭합니다.

03 │ 선택된 PDF 문서 주변에 빨간색 선이 테두리에 표시되며 브라우저나 프로그램의 화면 크기에 따라서 자동으로 변경됩니다.

04 │ 학생의 경우에는 MS 팀즈 내에 공유된 콘텐츠가 화면에 표시됩니다.

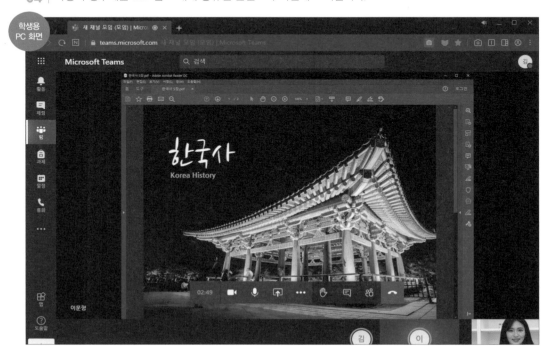

05 | 콘텐츠를 활용하여 수업한 다음 공유 화면을 닫기 위해서는 모임 컨트롤 패널에서 (공유 옵션 숨기기()) 버튼을 클릭합니다.

06 | 실시간 화상 수업을 종료하기 위해서 (나가기) 버튼의 오른쪽 (확장) 버튼을 클릭하고 팝업 메뉴에서 (모임 종료)를 클릭하여 학생들의 수업과 교사의 수업을 일괄적으로 종료합니다.

07 | 모든 사용자에 대해서 수업이 종료되므로 종료 확인을 위한 대화상자가 표시됩니다. 수업을 모두 종료하기 위해서 (종료) 버튼을 클릭합니다.

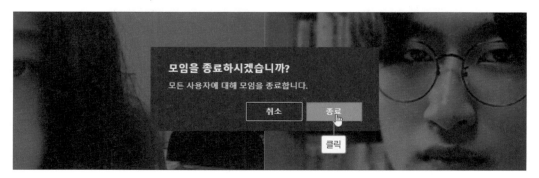

MS 팀즈 데스크톱 앱은 모임 컨트롤 패널이 상단에 위치하며, 웹브라우저에서는 화면 중앙 하단에 표시됩니다. 약간의 구성에는 차이가 있지만 대부분의 기능은 비슷하며 데스크톱 앱에 일부 기능이 추가됩니다.

모임 컨트롤 패널
주요 기능을 제어할 수 있으며 추가적인 기능은 [더보기] 버튼을 클릭하면 선택이 가능합니다.

❶ **수업 진행 시간**: 현재 수업이 진행되고 있는 시간을 표시합니다.
❷ **카메라**: 카메라를 켜거나 끌 수 있습니다.
❸ **마이크**: 마이크를 켜거나 끌 수 있습니다.
❹ **콘텐츠 공유**: 진행자와 발표자만 활성화되며 화면에 컴퓨터 화면이나 다른 앱을 실행하여 표시하고 발표에 활용할 수 있습니다.
❺ **더보기**: 주요 기능을 제외한 나머지 기능을 포함하고 있습니다. 더보기 관련 메뉴는 해당 패널이 활성화되어 있는 경우 숨기기로 이름이 변경됩니다.

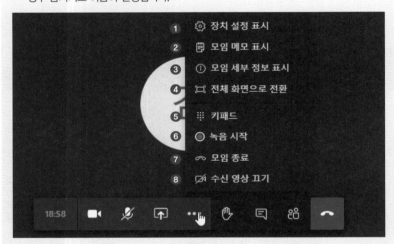

❶ **장치 설정 표시**: 오디오 장치(스피커, 마이크), 카메라에 관련된 설정을 할 수 있으며 모임 설정의 개인 보기도 표시됩니다.

❷ **모임 메모 표시**: 다른 사람들과 공유할 수 있는 메모를 작성할 수 있습니다.

❸ **모임 세부 정보 표시**: 모임에 대한 세부 정보를 표시합니다. 데스크톱 앱의 경우 참가 정보를 복사하거나 링크를 확인할 수 있습니다.

❹ **전체 화면으로 전환**: 전체 화면으로 MS 팀즈를 확대하여 실행합니다.

❺ **키패드**: 통화 기능을 이용하기 위해서 번호를 클릭할 수 있는 키패드를 지원합니다.

❻ **녹음 시작**: 실시간 화상 수업을 녹화할 수 있습니다.

❼ **모임 종료**: 모임을 종료합니다. 진행자가 모임을 종료하는 경우 학생들의 모임 화면도 모두 종료됩니다.

❽ **수신 영상 끄기**: 현재 보고 있는 모든 수신 영상을 종료합니다.

❻ **손 들기**: 손 들기를 실행하면 참가자에 손든 인원의 숫자가 표시됩니다 .

❼ **대화 표시**: 화상 수업 중 필요한 채팅을 할 수 있는 패널을 활성화합니다.

❽ **참가자 표시**: 현재 수업에 참여 중인 사람들을 확인할 수 있습니다.

❾ **전화 끊기**: 본인의 모임만 종료하며 실시간 화상 수업은 그대로 유지됩니다. 모임 종료와 구분되며, 전화 끊기 후 다시 접속할 수 있습니다.

Section **12**

실시간 화상 수업 **참가 정보 공유하기**

실시간 화상 수업을 하는 경우 필요에 따라서 참가 정보를 게시물로 공유해야 할 수 있습니다. 태그 형태로 참가 정보를 복사하여 게시물로 공유해 봅니다.

01 실시간 화상 수업을 태그로 게시물에 공유하기 위해서 참가자 이름 입력란 오른쪽에 [참가 정보 복사( )] 버튼을 클릭합니다.

복사된 참가 정보는 클립보드에 저장되며 메모장에 붙여 넣으면 복사된 태그 내용을 확인할 수 있습니다.

02 구글 블로거에 복사된 태그를 이용하여 게시글을 작성하기 위해 블로거에서 [새 글] 버튼을 클릭합니다. 왼쪽 상단에서 [새 글 작성 보기] 버튼을 클릭하고 팝업 메뉴에서 [HTML 보기]를 선택합니다.

HTML 태그를 지원하는 모든 게시판에 게시물로 작성할 수 있습니다.

03 | [Ctrl]+[V]를 눌러서 클립보드에 저장된 수업 참가 정보 태그를 붙여 넣고, 제목에 수업 이름을 입력합니다. 게시글 작성이 완료되면 오른쪽 상단의 [게시] 버튼을 클릭합니다.

04 | 태그로 작성한 글 게시에 관련된 대화상자가 표시되면 [확인]을 클릭하여 수업 초대 링크를 게시물로 작성합니다.

05 | 게시물의 링크를 통하여 수업에 참여하기 위해서 게시물에 생성된 [Join Microsoft Teams Meeting]을 클릭합니다.

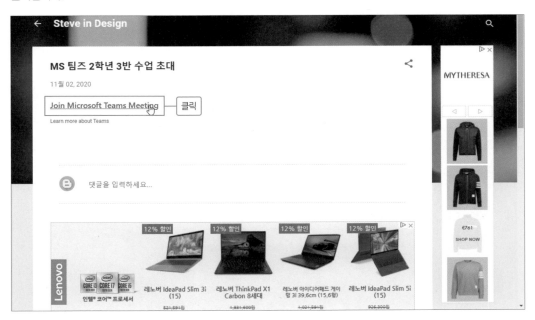

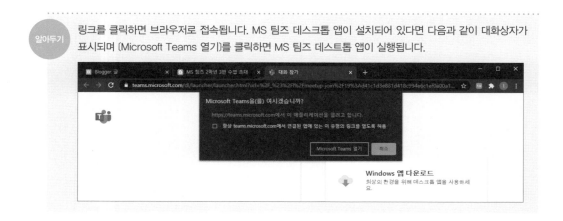

알아두기 링크를 클릭하면 브라우저로 접속됩니다. MS 팀즈 데스크톱 앱이 설치되어 있다면 다음과 같이 대화상자가 표시되며 (Microsoft Teams 열기)를 클릭하면 MS 팀즈 데스크톱 앱이 실행됩니다.

06 │ 브라우저에서 수업 참여를 하기 위해서 (이 브라우저에서 계속) 버튼을 클릭합니다.

07 │ 수업에 참여할 수 있는 화면으로 이동하며 영상 및 마이크 상태를 확인할 수 있습니다. (지금 참가) 버튼을 클릭하면 수업에 참여하게 됩니다.

Section 13

실시간 **화상 수업 녹화하기**

실시간 화상 수업을 하는 경우 수업 영상을 녹화하여 보관 및 다운로드할 수 있도록 MS 팀즈에서는 녹화 기능을 제공하고 있습니다. 실시간 영상 녹화를 하는 경우 참석자에게 녹화 중이라는 것을 알려주는 것이 좋으며 안내 메시지로도 표시됩니다.

01 │ 실시간 화상 수업 중 수업 내용을 녹화하기 위해서 모임 컨트롤 패널에서 (더보기) 버튼을 클릭하고 팝업 메뉴에서 (녹음 시작)을 선택합니다.

02 │ 녹화가 시작되면 녹화하고 있다는 주의 메시지와 개인정보취급방침에 관련하여 녹화 중임을 모든 사람에게 알리라는 메시지가 표시됩니다. 녹화를 한다고 알렸다면 (해제) 버튼을 클릭합니다. 녹화 중인 경우 실시간 화상 수업 진행 시간 왼쪽에 빨간색 원형(◉) 아이콘이 표시됩니다.

모임 종료 후 레코딩을 확인할 수 있다는 안내 메시지가 표시됩니다. 녹화 진행에 영향을 주지 않으며 (알겠습니다!) 버튼을 클릭하여 안내 메시지를 닫아 줍니다.

03 | 실시간 수업 중 필요에 따라서 녹화를 중지하기 위해서 모임 컨트롤 패널에서 (더보기( )) 버튼을 클릭하고 팝업 메뉴에서 (녹음 중지)를 선택합니다.

04 | 녹화 중지를 확인하는 대화상자가 표시되며 (녹음 중지) 버튼을 클릭하여 녹화를 중지합니다.

05 | 녹화가 중단되어도 실시간 화상 수업은 계속 진행할 수 있습니다. 상단에 알림 메시지가 표시되며 (해제) 버튼을 클릭합니다. 모임 컨트롤 패널에 레코딩 데이터를 찾을 수 있다고 안내 메시지가 표시되며 (알겠습니다!) 버튼을 클릭합니다.

06 | 실시간 수업을 진행하던 모임을 종료하기 위해서 모임 컨트롤 패널에서 (전화 끊기(📞)) 버튼을 클릭합니다.

07 | 모임을 종료하고 팀즈의 게시물로 이동하면 실시간 수업으로 진행하였던 녹화 영상을 다운로드하기 전 Microsoft Stream에 저장하는 과정이 진행됩니다.

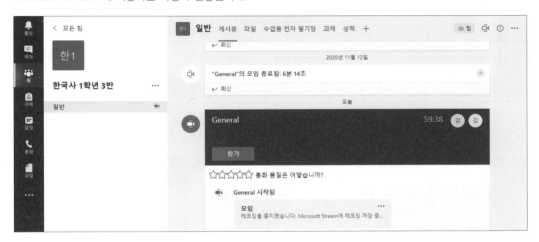

08 | 일정 시간이 지나면 영상을 다운로드할 수 있는 링크가 표시되며 20일 후에 만료된다고 표시됩니다. 영상은 20일 동안만 다운로드를 지원하므로 미리 다운로드하여 보관해야 합니다. 영상을 다운로드하기 위해서 (다운로드)를 클릭합니다.

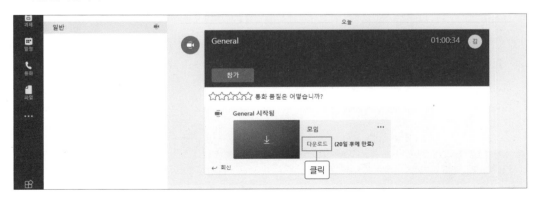

09 │ 브라우저의 왼쪽 하단에 영상이 다운로드되는 진행 과정을 확인할 수 있으며, 다운로드가 완료되면 영상을 클릭하여 영상을 확인합니다.

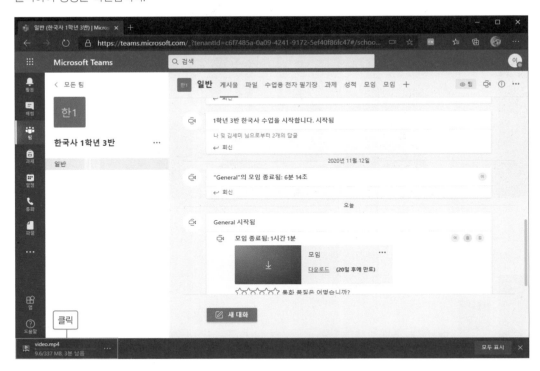

10 │ MP4 형식으로 영상이 저장됩니다.

Section 14

실시간 화상 수업 **출석 체크하기**

실시간 화상 수업은 참여한 학생들의 목록을 확인할 수 있는 기능을 지원하고 있습니다. 접속하거나 퇴실한 시간을 타임스탬프 형태로 제공하며, 엑셀 문서로 출력되므로 관리가 매우 편리합니다.

01 | 실시간 화상 수업을 진행하고 종료하기 전에 출석 정보를 확인하기 위해서 참석자 정보에서 (더보기(⋯)) 버튼을 클릭하고 팝업 메뉴에서 (참석자 목록 다운로드)를 선택합니다.

02 | 브라우저 왼쪽 하단에 파일이 다운로드 완료되면 (파일 열기)를 클릭합니다.

브라우저에 따라서 위치가 다를 수 있으며 지정된 다운로드 경로에 다운로드되어 폴더에서 직접 파일을 열 수 있습니다.

03 | 스프레드 문서로 저장되므로 엑셀에서 문서를 확인할 수 있으며, 접속한 타임스탬프의 시간 순으로 접속자 및 참가함/나감 표시로 시각을 확인할 수 있습니다.

알아두기 **실시간 수업 관련 옵션 관리하기**

실시간 수업 중에 필요한 모임 옵션을 변경할 수 있으며 참가 관련 및 수업 진행에 관련된 설정을 할 수 있습니다.

❶ 참가자 오른쪽에 〔더보기〕 버튼을 클릭하고 팝업 메뉴에서 〔권한 관리〕를 선택합니다.

❷ 실시간 수업을 운영하고 있는 모임의 모임 옵션 페이지가 브라우저의 새로운 탭에 표시됩니다. 대기실 사용 및 발표, 음소거 등에 대한 설정을 변경할 수 있습니다. 옵션을 변경하였다면 〔저장〕 버튼을 클릭하여 적용합니다.

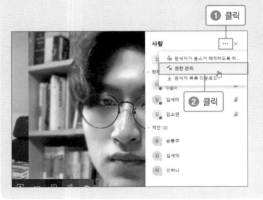

알아두기 **학생 정보 확인하기**

참가자 목록에서 학생과 교사를 모두 확인할 수 있습니다. 이름 앞쪽에 있는 프로필로 마우스 커서를 가져가면 학생의 정보를 확인할 수 있습니다.

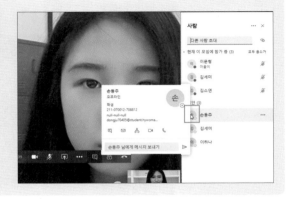

Section 15

실시간 수업에서 **발표자와 참석자 설정하기**

실시간 수업을 진행하는 경우 교사 또는 학생을 발표자로 설정하거나 참석자로만 설정할 수 있습니다. 발표자의 경우 카메라 영상이 아닌 컴퓨터 화면을 공유하여 발표, 질문 등을 할 수 있습니다. 공유 기능은 모임을 만든 이끌이와 발표자로 설정된 경우만 가능합니다.

01 | 모임 중에 발표자와 참석자를 설정하기 위해서 모임 컨트롤 패널에서 〔참가자 표시(👥)〕 버튼을 클릭합니다.

02 | 발표자로 설정된 학생은 모임 컨트롤 패널에서 공유 기능이 활성화됩니다. 〔공유 트레이 열기(⬆)〕 버튼을 클릭하여 화면을 공유할 수 있습니다.

03 현재 수업에 참여 중인 모든 구성원은 발표자로 설정된 상태입니다. 참석자로 변경하기 위해서 수업에 참여 중인 학생을 선택하고 마우스 오른쪽 버튼을 클릭하여 팝업 메뉴에서 (참석자로 지정)을 선택합니다.

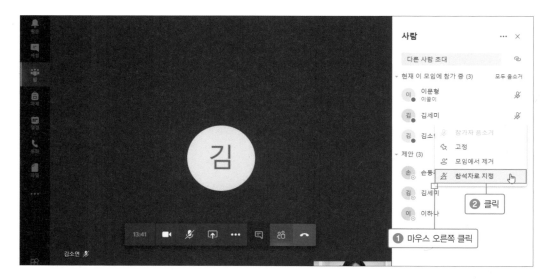

알아두기 수업에 참여한 학생들을 참석자로 설정하기 위해서는 모임 옵션에서 누가 발표할 수 있나요?의 항목을 (나만)으로 지정하는 경우 방을 만든 이끌이를 제외하고, 실시간 수업을 참여하는 모든 학생들이 참석자로 설정됩니다. 필요에 따라서 내 조직의 사용자, 특정 사용자를 지정할 수 있습니다.

04 발표자에서 참석자로 변경하는 것을 확인하기 위해서 발표자 변경에 대한 대화상자가 표시됩니다. 참석자로 변경하기 위해서 (변경) 버튼을 클릭합니다.

05 │ 참석자 항목에 참석자로 변경한 학생이 등록되었습니다.

06 │ 참석자로 변경된 경우 상단에 참석자로 변경되어 콘텐츠를 공유하거나 활용할 수 없다는 메시지가 표시됩니다. 메시지를 닫기 위해서 〔해제〕 버튼을 클릭합니다. 모임 컨트롤 패널을 보면 공유 기능이 비활성화되었으며 모임 이끌이 및 발표자만 공유할 수 있다고 메시지가 표시됩니다.

07 │ 참석자를 발표자로 지정하기 위해서 학생을 선택하고 마우스 오른쪽 버튼을 클릭하여 팝업 메뉴에서 〔발표자로 지정〕을 선택합니다.

08 | 발표자로 변경하는 것을 확인하기 위한 대화상자가 표시되며 참석자에서 발표자로 변경하기 위해서 (변경)
버튼을 클릭합니다.

09 | 참석자로 분류되었던 학생이 발표자로 변경되어 화면을 공유하여 발표나 질문 등을 할 수 있습니다.

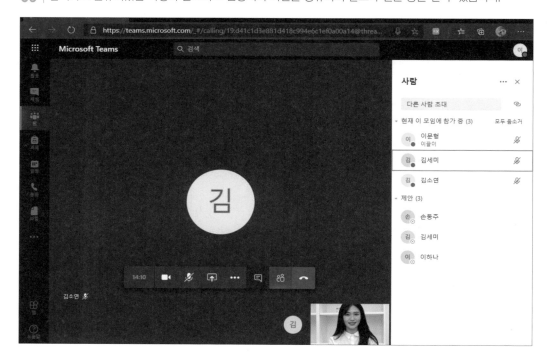

알아두기 손 들기로 질문한 경우 질문에 답변을 하
고 손 들기를 해제해야 합니다. 손 들기를
해제하기 위해서는 참가자에서 손을 든 학
생을 선택하고 마우스 오른쪽 버튼을 클릭
하여 팝업 메뉴에서 (손 내리기)를 선택합
니다.

Section 16

실시간 화상 수업에서 **고정 기능으로 학생 화면 보기**

MS 팀즈 데스크톱 앱과 달리 브라우저에서 실시간 화상 수업을 하는 경우 학생 화면을 보는 데 제한이 있을 수 있습니다. 이런 경우 고정 기능으로 학생 화면을 고정하여 확인할 수 있습니다.

01 │ 현재 카메라를 켜지 않은 학생이 화면에 표시된 상태이며 오른쪽 하단에 교사의 화면이 있습니다. 교사 화면 왼쪽에 접속한 학생들의 정보가 표시되며, 프로필을 선택하고 마우스 오른쪽 버튼을 클릭하여 팝업 메뉴에서 〔고정〕을 선택합니다.

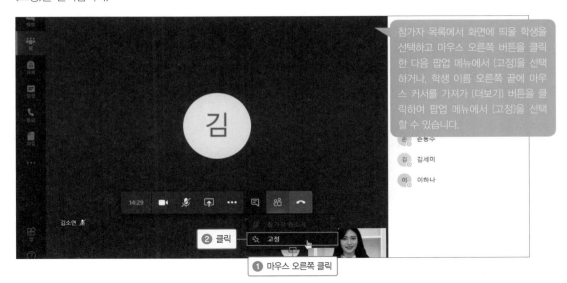

> 참가자 목록에서 화면에 띄울 학생을 선택하고 마우스 오른쪽 버튼을 클릭한 다음 팝업 메뉴에서 〔고정〕을 선택하거나, 학생 이름 오른쪽 끝에 마우스 커서를 가져가 〔더보기〕 버튼을 클릭하여 팝업 메뉴에서 〔고정〕을 선택할 수 있습니다.

알아두기
MS 팀즈 데스크톱 앱을 이용하여 실시간 화상 수업을 하는 경우 추가 기능과 활용에 더 유용하므로 실시간 화상 수업을 진행하는 경우 MS 팀즈 데스크톱 앱을 통한 진행을 추천합니다. MS 팀즈 데스크톱 앱의 경우에는 오른쪽과 같이 화면이 학생 수에 맞춰 갤러리 형태로 표시됩니다. 최대 9개 비디오 스트림을 사용할 수 있습니다. 다수의 학생이 있는 경우 큰 갤러리나, 함께 모드 등으로 볼 수 있으며 최대 49명까지 화면에 표시할 수 있습니다.

02 | 선택한 학생의 화면이 표시되며 화면 왼쪽 하단과 참가자 목록의 학생 이름 옆에 고정 핀 아이콘(⚲)이 표시됩니다.

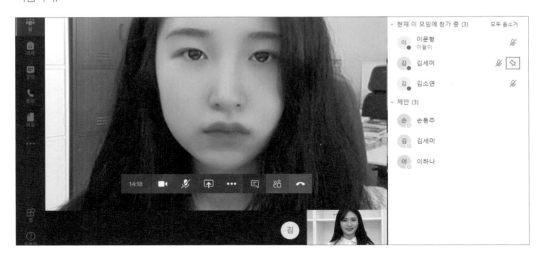

03 | 고정된 학생 화면을 해제하기 위해서 학생 이름을 선택하고 마우스 오른쪽 버튼을 클릭한 다음 팝업 메뉴에서 (고정 해제)를 선택합니다.

04 | 고정이 해제되었으며, 기존에 표시되었던 학생이 화면 우측 하단에 표시됩니다.

Section 17

프레임 기능으로 **화면 맞추기**

MS 팀즈 화면에 맞춰 영상을 보기 위해 프레임 기능을 사용할 수 있습니다. 웹브라우저에서도 사용 가능하지만 MS 팀즈 데스크톱 앱에서 활용도가 더 높습니다. 웹브라우저에서는 화면이 하나만 표시되지만 데스크톱 앱에서는 여러 화면이 보이기 때문에 카메라 영상의 중앙부만 확대되서 보이는 경우가 많습니다.

01 │ 영상을 프레임에 맞춰 화면 전체를 보기 위해서 영상에서 마우스 오른쪽 버튼을 클릭하고 팝업 메뉴에서 〔프레임에 맞춤〕을 선택합니다.

02 │ 화면이 갤러리의 영역에 맞춰서 화면 전체가 보이도록 크기가 조정된 것을 확인할 수 있습니다.

03 | 다시 화면을 확대하여 중앙부만 보기 위해서 마우스 오른쪽 버튼을 클릭하고 팝업 메뉴에서 (프레임 채우기)를 선택합니다.

04 | 기본 설정처럼 화면이 확대되어 보이는 것을 확인할 수 있습니다.

> **알아두기**　현재 실시간 수업을 진행 중이므로 게시물을 확인할 때 오른쪽 상단에 현재 진행 중인 실시간 화상 수업이 표시되며 (참가) 버튼을 클릭하면 수업으로 이동됩니다.

Section 18

실시간 화상 수업에서 **이모지를 이용하여 소통하기**

학생들과 소통을 하기 위해서 실시간 화상 수업 중에 다양한 이모티콘을 사용하여 재미있게 대화를 할 수 있고 배지 등을 이용하여 칭찬을 할 수 있습니다. 대화 내용은 게시물에도 등록되어 대화한 내용을 확인할 수 있습니다.

01 실시간 화상 수업 중 모임 컨트롤 패널에서 (대화 표시(💬)) 버튼을 클릭하여 입력 창에 학생들에게 전달할 메시지를 입력한 다음 Enter 를 누르거나 (보내기(▷)) 버튼을 클릭합니다.

02 MS 팀즈의 게시물을 보면 입력한 대화 내용이 게시글에도 표시되는 것을 확인할 수 있습니다.

알아두기 학생의 MS 팀즈 게시물에도 동일하게 대화 내용이 표시됩니다.

03 | 대화 입력 창에 전달할 대화 내용을 입력하고 이모지를 사용하기 위해서 (이모지(☺)) 버튼을 클릭합니다. 팝업 메뉴에서 대화 내용과 적합한 이모지를 클릭합니다.

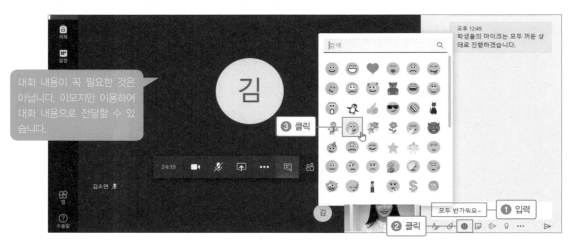

대화 내용이 꼭 필요한 것은 아닙니다. 이모지만 이용하여 대화 내용으로 전달할 수 있습니다.

04 | 선택한 이모지가 대화 입력 창에 적용되었으며 (Enter)를 누르거나 (보내기(▷)) 버튼을 클릭하면 입력한 내용과 이모지가 동시에 전송됩니다.

05 이모지 외에 스티커 기능도 제공하고 있으며 스티커를 이용하여 대화를 하기 위해서 [스티커(🖼)] 버튼을 클릭합니다. 스티커를 선택할 수 있는 팝업 메뉴가 표시되며 다양한 스티커를 사용할 수 있습니다. 대화 내용에 적합한 스티커를 선택합니다.

06 스티커가 대화 입력 창 위에 표시되며 아직 스티커가 전송된 상태가 아닙니다. 대화 내용을 입력하고 전송하거나, 대화 내용 없이 스티커만 전송하려면 Enter를 누르거나 [보내기(▷)] 버튼을 클릭합니다.

07 이모지와 스티커가 대화 창에 전송되었습니다. 대화 중 필요에 따라서 이모지와 스티커를 이용하여 대화를 하면 좀 더 효과적으로 학생들과 소통할 수 있습니다.

알아두기
이모지, 스티커도 게시물에 동시에 등록되어 확인할 수 있습니다.

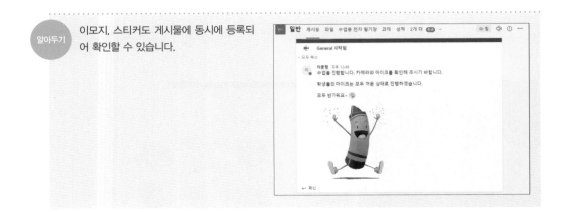

08 | 대화 입력 창에 전달할 메시지를 입력하고 이모지를 선택한 다음 [Enter]를 누르거나 [보내기([▷])] 버튼을 클릭합니다.

09 | 대화 글을 보고 학생이 대화 내용을 입력한 경우 왼쪽에 정렬되어 내용이 표시되며 게시글에도 표시됩니다.

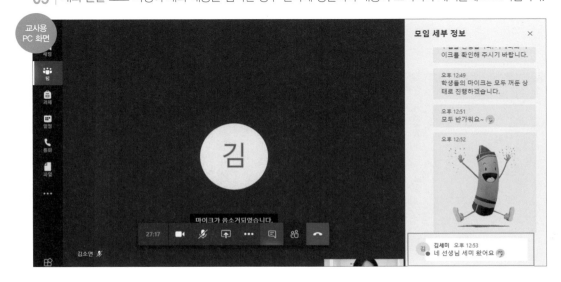

10 │ 학생들에게 배지를 부여하며 칭찬하기 위해서 〔칭찬하기(🖐)〕 버튼을 클릭합니다.

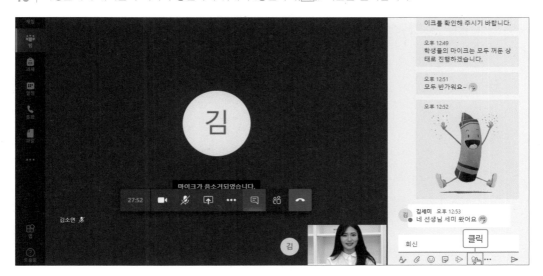

11 │ 칭찬하기 대화상자가 표시되면 학생들에게 전달할 〔훌륭해〕 배지를 클릭합니다.

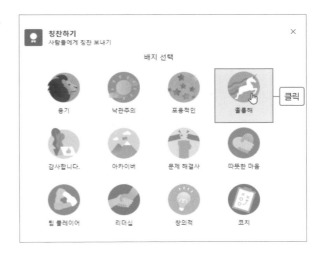

12 │ 메모에 전달할 내용과 받는 사람에 받을 학생의 이름을 입력하고 선택합니다.

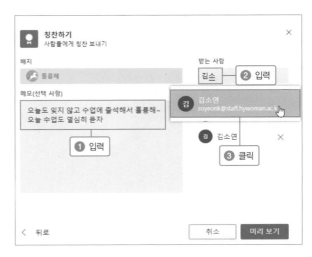

13 │ 받을 학생을 모두 선택하고 메모도 입력하였다면 전송하기 전 배지와 입력한 내용을 확인하기 위해서 〔미리 보기〕 버튼을 클릭합니다.

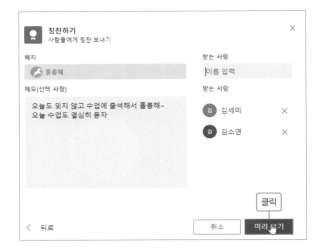

14 │ 배지와 메모가 보이게 될 형태를 확인하고 수정이 필요하다면 〔뒤로〕를 클릭하며, 보낼 내용에 문제가 없다면 〔보내기〕 버튼을 클릭합니다.

15 │ 배지 내용이 채팅 창에 입력되어 전송된 것을 확인할 수 있습니다. 멘션되었기 때문에 해당 배지를 받을 학생들 이름이 '칭찬하기' 박스 하단에 표시됩니다.

16 교사와 학생의 게시물에 모두 칭찬하기 메시지가 표시되며, 멘션 받지 못한 학생도 확인이 가능하나 멘션 받은 학생의 경우 오른쪽 상단에 멘션 아이콘(◉)이 표시됩니다.

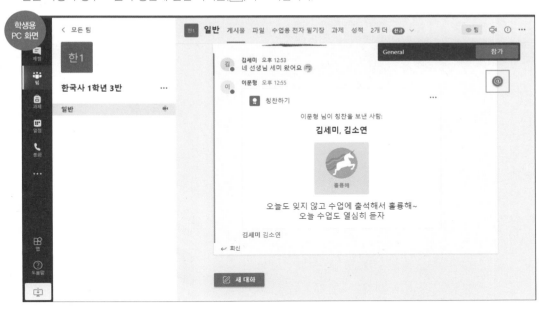

알아두기 추천 기능으로 칭찬하기

❶ 추천 기능으로 수업 중 특정 학생을 강조하거나 칭찬 등의 목적으로 사용할 수 있습니다. MS 팀즈 데스크 톱 앱에서만 기능을 지원합니다. 추천할 학생 화면을 클릭하고 마우스 오른쪽 버튼을 클릭한 다음 팝업 메뉴가 표시되면 (추천)을 선택합니다.

① 마우스 오른쪽 클릭   ② 클릭

❷ 화면 전체에 추천한 학생이 표시되고 이름 옆에도 추천되었다는 아이콘이 표시됩니다. 나머지 학생들 화면은 하단으로 이동합니다.

❸ 추천을 중지하려면 마우스 오른쪽 버튼을 클릭한 다음 팝업 메뉴에서 (추천 중지)를 선택합니다. 추천 중지를 하면 여러 학생들이 보이는 갤러리 화면이 표시됩니다.

클릭

수업 자료 제작과
공유하기

MS 팀즈는 업무에서 활용이 가능하지만 수업에 특화
된 기능을 추가적으로 제공하고 있습니다. 수업 자료,
과제 평가, 수업을 진행하기 위한 필기장 등 다양한
기능으로, 실시간 수업과 비대면 온라인 수업에 모두
활용이 가능합니다. 여기서는 수업을 위한 자료 제작과
업로드, 학생들에게 과제 양식을 제공하는 리소스 추가
방법까지 알아봅니다.

Part 4

Section 01

수업을 시작하기 위한 **수업 자료 업로드하기**

수업에는 기본적으로 교과서를 활용하지만 수업에 필요한 자료를 학생들에게 제공해야 할 때가 있습니다. 특히 온라인의 경우 미리 수업 자료, 노트 등 다양한 자료를 학생들에게 공유해야 합니다. 수업 자료 공유를 위해서 업로드하는 방법을 확인하겠습니다.

01 │ 학생들에게 수업 자료를 공유하기 위해서 [팀] 메뉴에서 원하는 수업을 선택한 다음 [수업 자료 업로드] 버튼을 클릭합니다.

02 │ 파일 메뉴로 페이지가 이동되며 학습 자료 폴더가 미리 생성된 것을 확인할 수 있습니다. 학습 자료 폴더에 수업 자료를 공유하기 위해서 [학습 자료] 폴더를 클릭합니다.

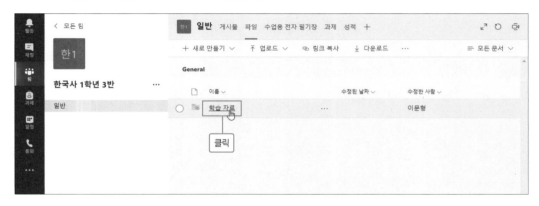

03 | 학습 자료 폴더에 파일을 업로드하기 위해서 (업로드)를 클릭하고 팝업 메뉴에서 (파일)을 선택합니다.

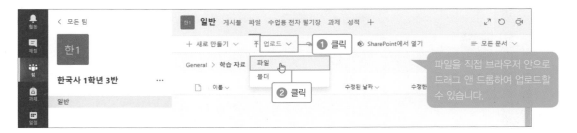

04 | 열기 대화상자가 표시되면 업로드할 파일을 선택하고 (열기) 버튼을 클릭합니다.

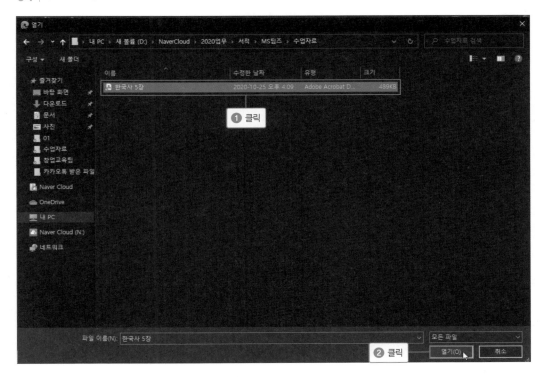

05 | 선택한 수업 자료가 업로드되며 업로드한 사람의 이름이 수정한 사람에 표시됩니다.

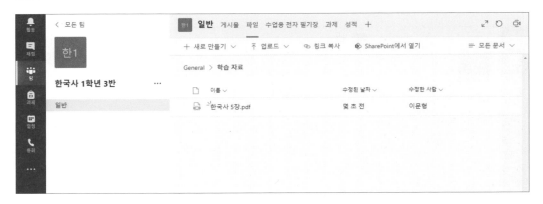

06 | 수업 자료를 다운로드하기 위해서 수업 팀에서 상단 메뉴에서 [파일] 메뉴를 클릭합니다.

07 | 학생의 경우 자료 수정이 불가능하도록 설정되었기 때문에 폴더명 오른쪽에 쓰기 금지 아이콘(⊗)이 표시되어 있습니다. 폴더로 이동하기 위해서 [학습 자료] 폴더를 클릭합니다.

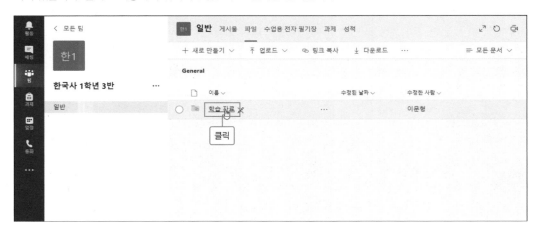

08 | 교사가 등록한 수업에 필요한 학습 자료가 등록되어 있으며 학습 자료를 클릭하여 자료를 확인할 수 있습니다.

09 | PDF 파일은 별도의 앱이 아니라 브라우저에서 바로 열리며 수업 자료를 확인하면서 수업을 진행하거나 대화를 할 수 있습니다.

알아두기   작업 표시

파일명 오른쪽에 (작업 표시) 버튼을 클릭하면 파일을 다운로드하거나 복사 등을 할 수 있습니다.

❶ **열기**: 파일 형식에 따라서 브라우저 또는 앱을 선택하여 파일을 열 수 있습니다

❷ **링크 복사**: 링크를 복사하여 공유할 수 있으며 링크를 브라우저 주소 창에 붙여 넣으면 해당 파일로 접근할 수 있습니다. 계정에 로그인되어 있어야 하며 앱이 설치되어 있다면 앱에서 파일을 접근할 수 있습니다.

❸ **다운로드**: 파일을 다운로드할 수 있습니다.

❹ **삭제**: 파일을 삭제할 수 있으며 읽기 전용인 경우 불가능합니다.

❺ **이름 바꾸기**: 파일명을 변경할 수 있으며 읽기 전용인 경우 불가능합니다.

❻ **SharePoint에서 열기**: SharePoint 앱으로 이동합니다.

❼ **복사**: 파일을 원하는 곳으로 복사할 수 있습니다.

Section 02

오피스 365로 **수업 자료 만들기**

만들어 둔 자료를 업로드할 수 있지만 기본적으로 제공되는 오피스 앱을 이용하여 수업 자료를 온라인에서 만들고 공유할 수 있습니다. Word 문서 앱을 이용하여 수업에 활용할 자료를 만들어 보겠습니다.

01 | (팀) 메뉴에서 원하는 수업을 선택한 다음 (파일) 메뉴를 클릭합니다.

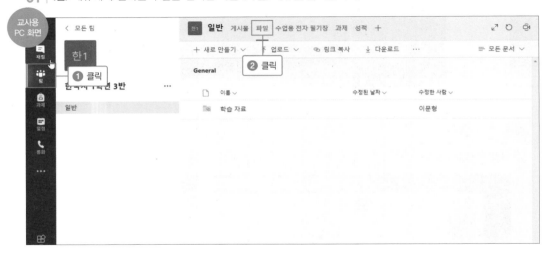

02 | 수업 자료를 구분할 폴더를 만들기 위해서 (새로 만들기)를 클릭하고 팝업 메뉴에서 (폴더)를 선택합니다.

03 | 폴더 만들기 대화상자가 표시되면 폴더명으로 사용할 이름 '수업노트'를 입력하고 (만들기) 버튼을 클릭합니다.

04 | 수업노트에 수업 자료를 만들기 위해서 (수업노트) 폴더를 클릭합니다.

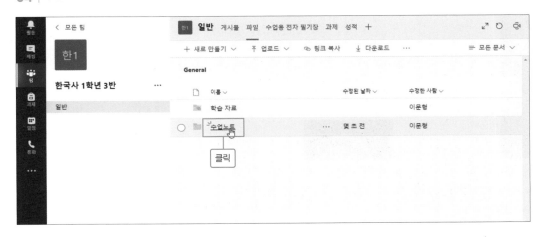

05 | 수업노트 폴더로 이동하면 오피스 앱을 이용하여 문서를 만들기 위해서 (새로 만들기)를 클릭하고 팝업 메뉴에서 (Word 문서)를 선택합니다.

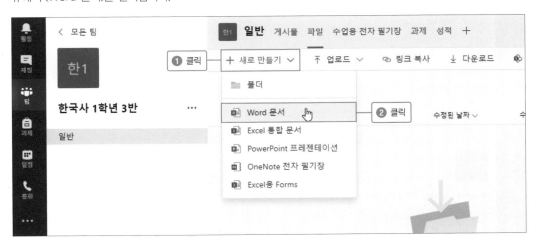

06 | 앱으로 이동하기 전에 파일명부터 설정해야 하기 때문에 Word 문서 대화상자가 표시됩니다. 파일명으로 사용할 이름을 입력하고 (만들기) 버튼을 클릭합니다.

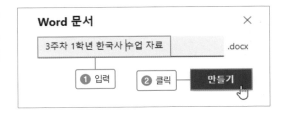

07 │ 오피스 365 앱으로 이동하며 수업에 사용할 자료를 만듭니다. 수업 자료를 모두 만들었다면 오른쪽 상단에
〔닫기〕 버튼을 클릭합니다.

08 │ 수업노트 폴더에 학생들에게 공유할 문서가 생성되었습니다. 현재 파일은 기본 공유 상태로 학생들이 파일
을 수정할 수 있습니다.

09 │ 공유된 수업 자료를 확인하기 위해서 〔파일〕 메뉴를 클릭합니다.

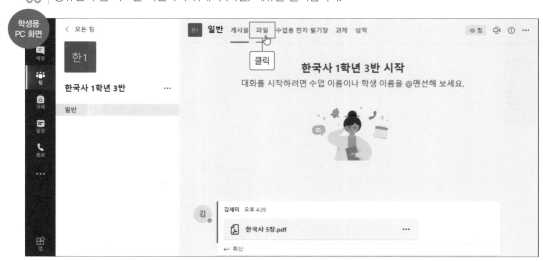

10 │ 교사가 공유할 파일을 만든 (수업노트) 폴더를 클릭하여 폴더로 이동합니다.

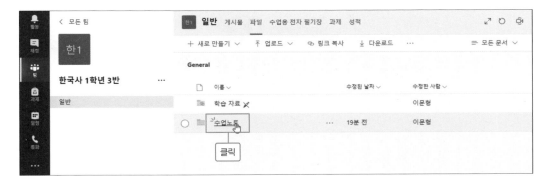

11 │ 폴더 내에 있는 공유된 파일을 클릭합니다.

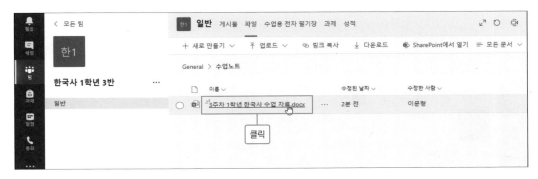

12 │ Word 문서 앱에 해당 문서가 열리면서 문서를 확인할 수 있습니다. 현재는 수정이 가능한 상태로 상단에 Word 문서 앱의 메뉴들이 활성화되어 있습니다. 문서 내용을 수정하면 공유된 문서의 내용이 수정됩니다.

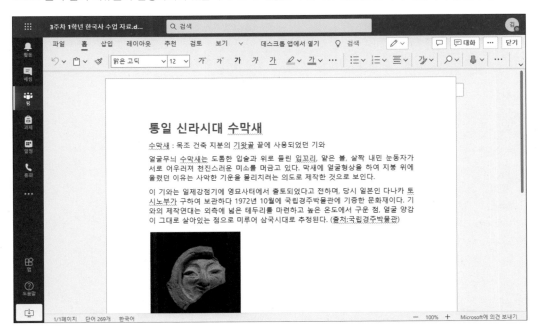

Section 03

SharePoint로 **공유된 파일 수정 제한하기**

학생들에게 수정이 가능하도록 설정해야 하는 경우도 있지만 수업 자료 등은 학생들에게 수정 권한을 주는 경우 수업 진행에 문제가 발생할 수 있습니다. 따라서 폴더 또는 파일 단위로 보기 권한을 읽기 전용으로 설정하여 제한할 필요가 있습니다.

01 | 구성원 모두 수정 가능한 상태로 생성된 문서를 소유자만 수정할 수 있도록 제한하기 위해서 수정할 파일이 있는 폴더를 선택합니다. 상단의 메뉴에서 [더보기(⋯)] 버튼을 클릭한 다음 팝업 메뉴에서 [SharePoint에서 열기]를 선택합니다.

02 | SharePoint 앱이 실행되면 해당 폴더로 이동됩니다. 권한을 수정하여 학생들이 볼 수만 있도록 하기 위해서 파일명 오른쪽에 [더보기(⋮)] 버튼을 클릭하고 팝업 메뉴에서 [세부 정보]를 선택합니다.

03 상세 정보가 오른쪽에 표시됩니다. 액세스 권한 있음 항목에서 권한을 조정하기 위해서 [액세스 관리]를 클릭합니다.

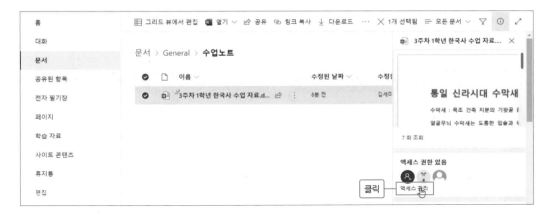

04 액세스 관리로 이동되며 수업명 오른쪽에 구성원이라고 된 항목에서 연필 모양의 [편집 가능] 버튼을 클릭하고 팝업 메뉴에서 [보기 가능]을 선택하여 수정 권한을 제한합니다.

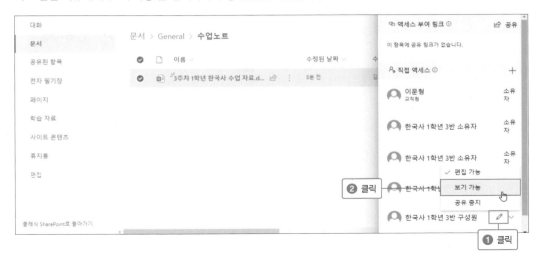

05 연필 아이콘에 사선이 그어지면서 수정이 불가능하며 보기만 가능한 읽기 전용 상태로 문서가 설정되었습니다. 지금부터는 소유자만 수정이 가능합니다.

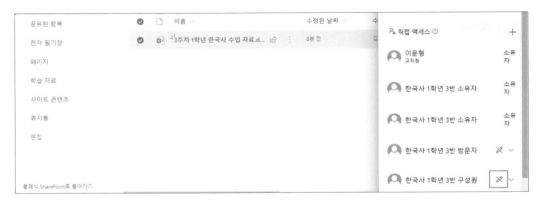

❶ SharePoint 앱을 직접 실행하여 공유할 콘텐츠와 대화 필기장 등 다양한 수업 관련된 내용을 관리할 수 있습니다. SharePoint 앱을 실행하기 위해서는 왼쪽 상단에 있는 (앱) 메뉴를 클릭합니다.

❷ 앱에 관련된 서랍 메뉴가 표시되면 오피스 365로 바로 이동이 가능하고 각각의 앱들을 선택하여 기능을 수행할 수 있습니다. 공유된 수업 내용을 관리하기 위해서 (SharePoint) 앱을 클릭합니다.

❸ SharePoint 앱으로 이동하며 현재 운영 중인 팀즈가 화면에 자주 사용하는 사이트로 등록되어 있습니다. 팀즈를 클릭합니다.

❹ 운영 중인 팀즈에 관련된 팀 사이트로 이동되어 수업에 사용하는 다양한 컨텐츠를 관리할 수 있습니다.

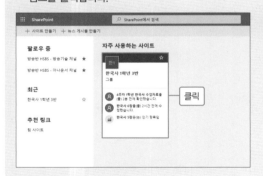

06 │ Section 02에서 수정 권한이 있어서 수정할 수 있었던 수업 자료명의 연필 아이콘에 사선이 그어지면서 수정이 불가능합니다. 수업 자료를 확인하기 위해서 파일명을 클릭합니다.

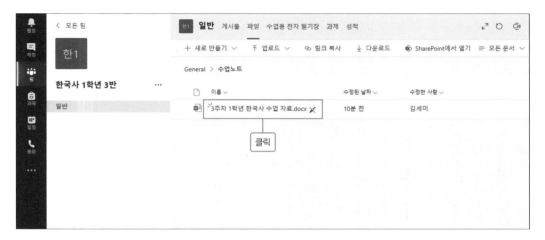

07 | 문서 확인은 가능하지만 Word 문서 앱의 편집 가능한 메뉴가 모두 사라진 상태로 문서가 열리며 수정이 불가능한 상태입니다.

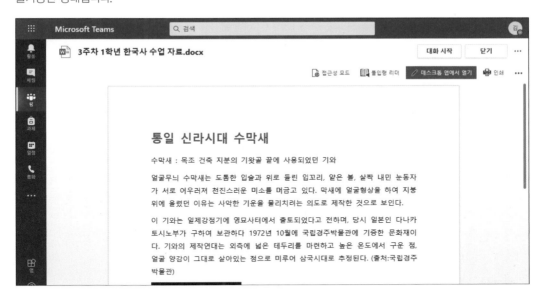

08 | SharePoint로 권한 설정이 완료되었다면 Sharpoint 탭을 닫거나 브라우저의 팀즈 탭을 클릭하여 팀즈로 이동합니다.

09 | 교사의 팀즈에서는 해당 문서의 권한 설정을 확인할 수 없으며, 학생들이 수정 가능한 상태인지 확인하려면 SharePoint로 이동하여 세부 정보를 확인해야 합니다.

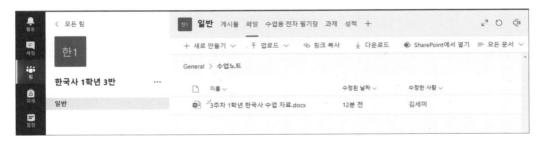

Section 04

폴더 단위로 보기 권한 설정하여 **파일 수정 제한하기**

파일 단위로 액세스 관리를 통하여 수정 권한을 제한할 수 있지만 수업에 사용하는 내용은 매번 파일마다 액세스 관리를 한다는 것은 불편할 수 있습니다. 따라서, 폴더 단위로 수정 권한을 변경하여 해당 폴더에 생성된 파일은 자동으로 수정 권한을 제한하도록 설정하겠습니다.

01 │ SharePoint 앱을 실행하고 보기 권한으로 변경하여 구성원의 수정을 제한하기 위해서 폴더명 오른쪽에 (더보기(⋮)) 버튼을 클릭하고 팝업 메뉴에서 (세부 정보)를 선택합니다.

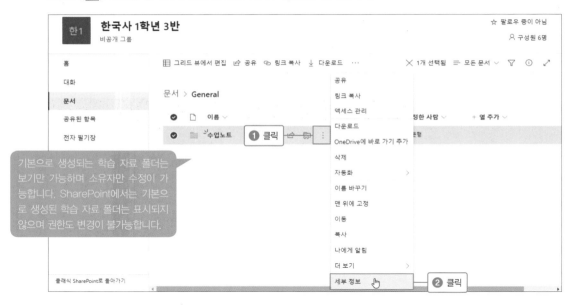

02 │ 폴더가 선택된 상태에서 권한을 변경하기 위해 오른쪽의 세부 정보에서 (액세스 관리)를 클릭합니다.

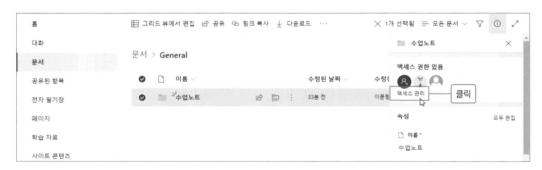

03 │ 액세스 관리로 이동되며 수업명 옆에 구성원이라고 된 부분의 (편집 가능) 버튼을 클릭하고 팝업 메뉴에서 (보기 가능)을 선택하여 구성원의 수정을 제한합니다.

04 │ 현재 방문자와 구성원 모두 보기 가능 상태로 설정이 되어 파일을 확인할 수는 있지만 수정은 불가능합니다. 액세스 권한이 변경되었으면 SharePoint 앱이 실행되는 브라우저 탭을 닫습니다.

05 | 학생의 팀즈에서 파일을 확인하면 수업노트 폴더 오른쪽에 더 이상 수정이 불가능한 보기 권한으로 설정되었다는 것을 확인할 수 있는 아이콘이 생성되었습니다.

알아두기 **공유 중지 기능**

특정 폴더나 파일에 공유를 중지하여 더 이상 접근을 못 하도록 할 수 있습니다. 수업에 방문자가 접속하여 내용을 확인할 수 없도록 하기 위해서 방문자 오른쪽에 〔편집 가능〕 버튼을 클릭하고 팝업 메뉴에서 〔공유 중지〕를 선택합니다.

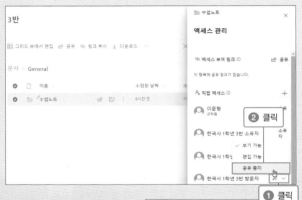

공유 중지는 단순히 공유만 중지하는 것이 아니라 권한 자체를 제한하는 것이기 때문에 액세스 관리에서 선택한 그룹이 삭제됩니다. 현재는 방문자를 선택하였기 때문에 방문자들의 액세스 권한을 제거하게 됩니다. 대화상자에서 액세스 권한을 제거하기 위해서 〔제거〕 버튼을 클릭합니다.

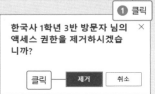

액세스 그룹에서 방문자 그룹이 삭제된 것을 확인할 수 있습니다. 되돌릴 수 없기 때문에 공유 중지할 경우에는 주의가 필요합니다.

Section 05

게시물 이용하여 **파일 공유하고 공지하기**

게시물을 이용하여 자료를 공유하거나 공지할 수 있고 학생들과 대화가 가능합니다. 게시물을 잘 활용하면 팀즈를 효율적으로 운영하는 데 도움이 되며 수업에 대한 만족도가 높아질 수 있으므로 중요하게 관리할 필요가 있습니다.

01 │ 게시물을 등록하기 위해서 [팀] 메뉴에서 원하는 수업을 선택한 다음 하단에 있는 [새 대화] 버튼을 클릭합니다.

02 │ 텍스트 입력 창이 표시되며 공지 또는 전달하고자 하는 대화 내용을 입력합니다. 입력할 때 Enter를 누르면 보내기가 되므로 Shift + Enter를 눌러야 줄 바꿈을 할 수 있습니다.

03 | 등록된 학습 자료를 게시물에 공유하여 학생들이 자료에 접근하기 쉽도록 하기 위해서 입력 창 하단에 (첨부(📎)) 버튼을 클릭합니다.

04 | 팝업 메뉴에서 팀에 등록된 파일을 사용하기 위해서 (팀 및 채널 검색)을 선택합니다. 원드라이브 (OneDrive) 또는 컴퓨터에 저장된 파일을 선택할 수도 있습니다.

05 | General 대화상자가 표시되면 파일의 General 경로가 표시됩니다. 필요한 파일이 있는 (학습 자료) 폴더를 클릭하여 이동합니다.

06 │ 게시물에 등록할 파일을 선택하였다면 (링크 공유) 버튼을 클릭합니다.

07 │ 게시물에 파일이 등록된 것을 확인할 수 있으며 내용 작성 및 파일 추가가 완료되었다면 오른쪽 하단에 (보내기(▷)) 버튼을 클릭합니다.

08 │ 게시물에 작성한 대화 글이 적용되며, 작성자가 왼쪽에 표시됩니다.

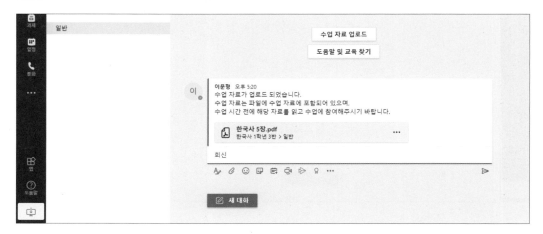

09 | 학생의 팀즈에서 작성된 게시글을 볼 수 있으며 파일도 등록된 것을 확인할 수 있습니다. 학생도 필요하다면 게시글을 새롭게 작성하거나 회신 기능으로 댓글을 달 수 있습니다.

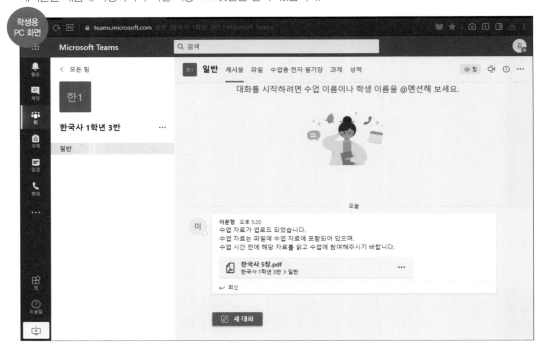

10 | 공유된 파일의 오른쪽에서 (기타 첨부 파일 옵션) 버튼을 클릭하면 팝업 메뉴에서 공유된 파일을 여는 방법을 선택할 수 있습니다.

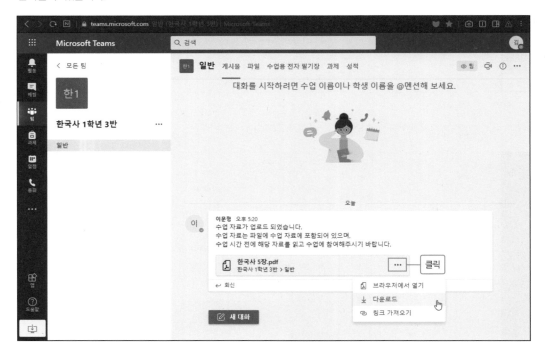

11 │ 댓글을 달기 위해서 회신 부분에 댓글 내용을 입력하고 [Enter]를 누르거나 오른쪽 하단에 [보내기([▷])] 버튼을 클릭합니다.

12 │ 댓글 작성이 완료되면 작성자와 시간이 표시되고 작성자의 댓글 내용을 확인할 수 있습니다.

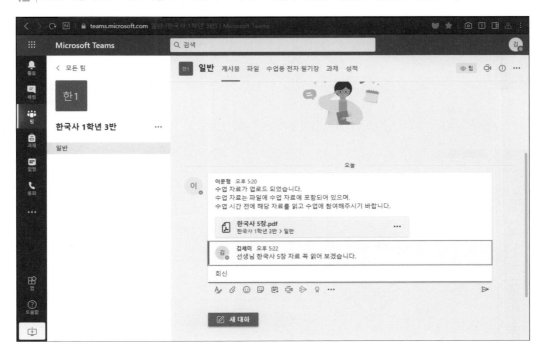

Section 06

멘션 기능으로 **대화 상대 지정하여 댓글 보내기**

게시글을 이용하여 구성원을 선택하고 댓글을 보낼 수 있는 멘션 기능을 지원하고 있습니다. 멘션 기능을 지정하였다고 비공개 상태로 되는 것은 아니지만 알림 메시지를 통하여 멘션된 상대방에게 알림을 주기 때문에 게시글이 많은 경우 유용하게 활용될 수 있습니다.

01 | 멘션 기능을 이용하여 특정 구성원에게 댓글과 알림 메시지를 보내기 위해서 게시물의 텍스트 입력 창에 '앳사인(@)'을 입력하면 팝업 메뉴에 현재 팀즈에 속한 구성원들이 제안되어 모두 표시됩니다.

02 | 구성원 중에서 멘션 기능을 사용할 사용자를 클릭하여 선택합니다.

03 | 필요한 메시지를 입력하고 Enter 를 누르거나 오른쪽 하단에 (보내기(▷)) 버튼을 클릭합니다.

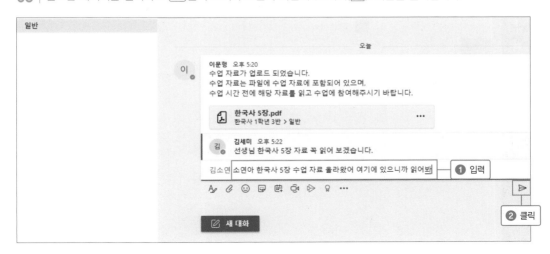

04 | 멘션된 구성원의 이름은 파란색으로 표시되며 이름 오른쪽으로 전송된 메시지가 표시됩니다.

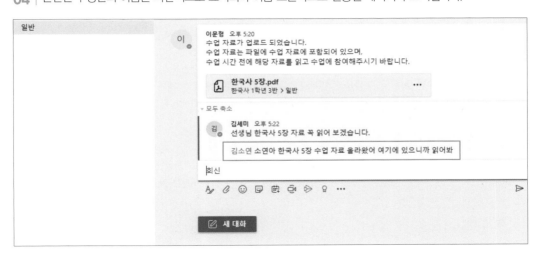

> **알아두기**　멘션된 구성원은 파란색으로 변경되면서 링크가 활성화되며 이름을 클릭하면 해당 구성원의 정보가 표시됩니다.

05 | 멘션된 사용자는 게시글 오른쪽에 멘션되었다는 표시를 확인할 수 있습니다.

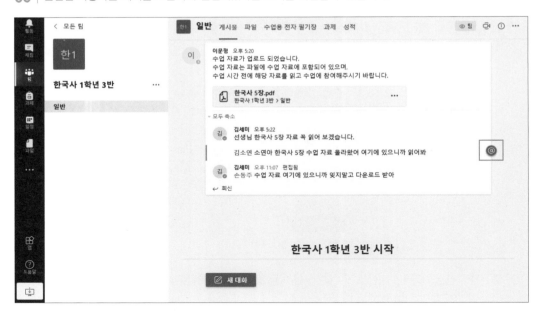

게시물의 구성원을 보면 현재 온라인 상태인지 확인을 할 수 있으며 구성원 간 채팅을 쉽게 할 수 있습니다. 온라인의 경우 이름 아이콘에 녹색 체크가 표시되며 채팅 외에 메일이나 전화도 가능합니다. 자리 비움인 경우는 주황색으로 시계 모양의 아이콘이 표시됩니다.

❶ 구성원의 이름에 마우스 커서를 가져가면 온라인 상태인 '대화 가능'이라고 표시됩니다. 현재 녹색 체크 아이콘이 표시되어 온라인 상태인 것을 알 수 있습니다.

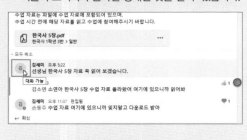

❷ 이름을 클릭하면 구성원의 정보가 표시되며 하단에 메시지 보내기 창에 전달하고 싶은 메시지를 입력하고 [보내기] 버튼을 클릭합니다.

❸ 게시글에 입력한 글이 표시되지 않고 '채팅' 메뉴에서 해당 메시지를 확인할 수 있습니다. 서로 채팅으로 실시간 대화를 주고받을 수 있습니다.

Section 07

학습 효과 높이는 **과제 만들기**

수업을 듣고 복습을 위해서 과제는 유용하게 사용될 수 있습니다. 따라서 주기적인 학습 관리를 위해서 과제를 만들어서 학생들에게 제시할 수 있으며 LMS에서 중요한 기능이라 할 수 있습니다. 과제를 만들어서 학생들에게 할당해 보겠습니다.

01 | 과제를 만들어서 학생들에게 할당하기 위해 (팀) 메뉴에서 원하는 수업을 선택한 다음 상단 메뉴에서 (과제) 메뉴를 클릭합니다.

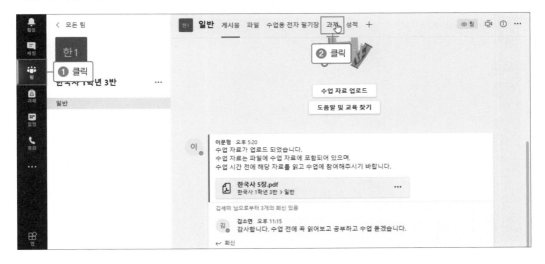

02 | 과제 페이지로 이동하면 과제를 만들기 위해서 하단에 (만들기) 버튼을 클릭하고 팝업 메뉴에서 (과제)를 선택합니다.

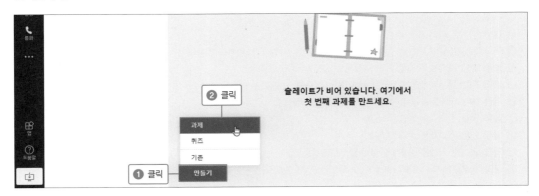

03 | 과제를 만들기 위한 새 과제 페이지로 이동합니다. 기본적으로 과제에 대한 내용을 입력합니다.

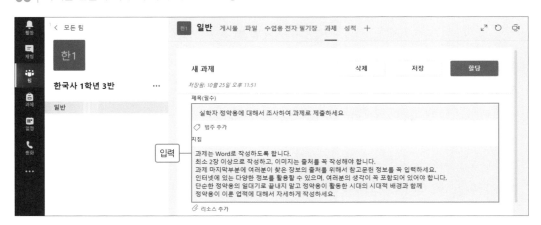

알아두기 과제 페이지 살펴보기

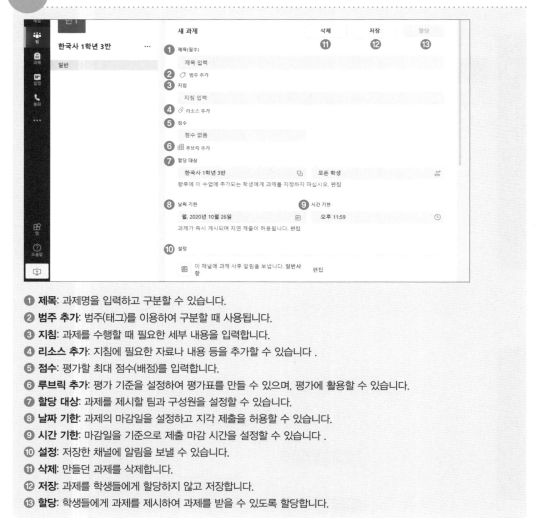

① **제목**: 과제명을 입력하고 구분할 수 있습니다.

② **범주 추가**: 범주(태그)를 이용하여 구분할 때 사용됩니다.

③ **지침**: 과제를 수행할 때 필요한 세부 내용을 입력합니다.

④ **리소스 추가**: 지침에 필요한 자료나 내용 등을 추가할 수 있습니다 .

⑤ **점수**: 평가할 최대 점수(배점)를 입력합니다.

⑥ **루브릭 추가**: 평가 기준을 설정하여 평가표를 만들 수 있으며, 평가에 활용할 수 있습니다.

⑦ **할당 대상**: 과제를 제시할 팀과 구성원을 설정할 수 있습니다.

⑧ **날짜 기한**: 과제의 마감일을 설정하고 지각 제출을 허용할 수 있습니다.

⑨ **시간 기한**: 마감일을 기준으로 제출 마감 시간을 설정할 수 있습니다 .

⑩ **설정**: 저장한 채널에 알림을 보낼 수 있습니다.

⑪ **삭제**: 만들던 과제를 삭제합니다.

⑫ **저장**: 과제를 학생들에게 할당하지 않고 저장합니다.

⑬ **할당**: 학생들에게 과제를 제시하여 과제를 받을 수 있도록 할당합니다.

04 | 과제를 만드는 중 과제의 내용을 저장하여 보관하기 위해서 [저장] 버튼을 클릭합니다. 아직 할당되지 않았기 때문에 학생들에게 보이지 않으며 언제나 과제 내용을 수정하고 할당할 수 있습니다.

05 | 과제를 마감할 날짜와 시간을 설정하고 학생들에게 과제를 할당하여 과제를 받기 위해서 [할당] 버튼을 클릭합니다.

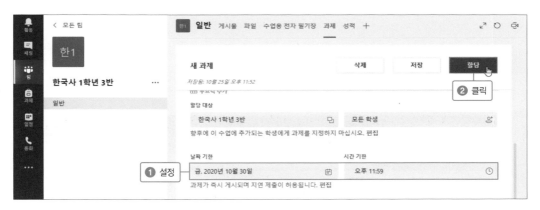

06 | 과제 페이지로 이동하며 현재 과제를 할당한 상태이므로, [할당됨]을 클릭하면 출제한 과제를 확인할 수 있고 과제명과 기한이 표시됩니다.

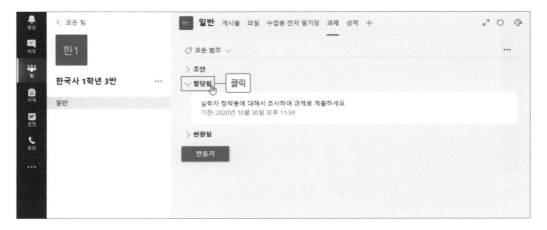

과제 페이지에서 과제명을 클릭하면 과제에 대한 페이지로 이동하며 학생별로 과제 내용 확인 유무, 제출 등을 확인할 수 있습니다. 피드백을 전달하거나 평가도 할 수 있는 과제 관리 페이지를 제공합니다.

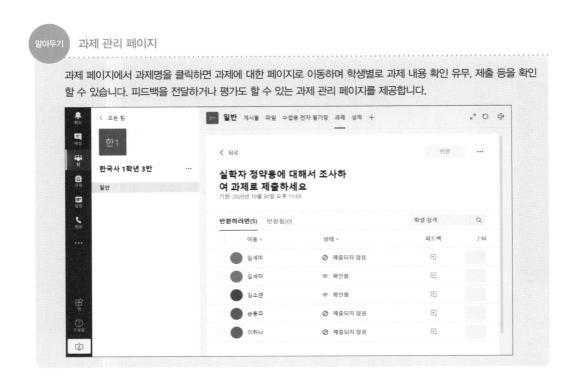

07 │ 과제가 할당되면 학생의 팀즈 화면 오른쪽 하단에 과제 모양의 아이콘과 함께 과제가 출제된 것을 알려 주는 알림 메시지가 표시되어 있으며, 상단 메뉴에서 [과제] 메뉴를 클릭하면 할당된 과제를 확인할 수 있습니다. 할당된 과제를 클릭합니다.

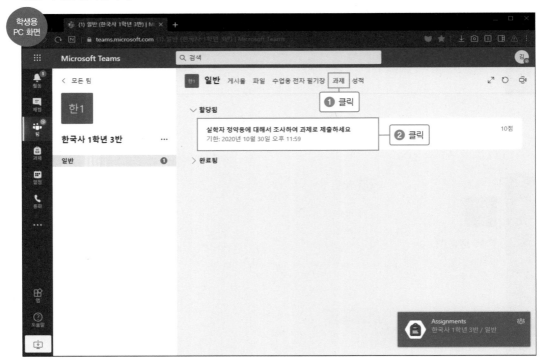

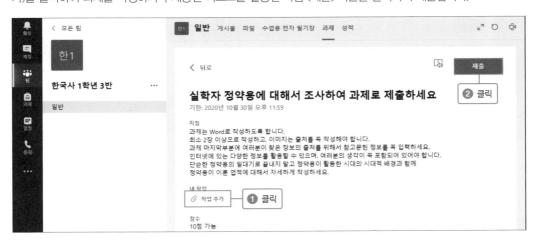

08 | 과제 상세 페이지로 이동되었으며, 과제에 대한 기한 및 지침을 확인할 수 있습니다. 내 작업에서 [작업 추가]를 클릭하여 과제를 작성하거나 제공된 리소스를 활용한 다음 [제출] 버튼을 클릭하여 제출합니다.

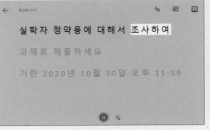

Section 08

학생들에게 과제 양식 제공하는 **리소스 추가하기**

학생들의 과제를 받을 때 일정한 양식을 제공하여 학생들이 작성하기 편리하도록 할 수 있습니다. 리소스 추가를 이용하여 미리 만든 양식을 사용하거나 제공되는 오피스 앱을 이용하여 양식을 만들수 있습니다.

01 | 과제를 만들기 위해서 [과제] 메뉴에서 [만들기] 버튼을 클릭하여 팝업 메뉴에서 [과제]를 선택합니다.

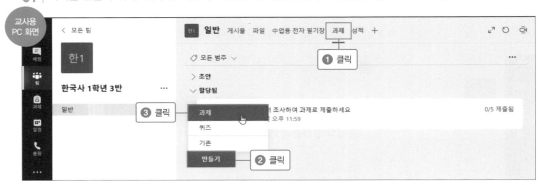

02 | 과제에 대한 기본적인 내용인 제목과 지침을 입력하고 학생들에게 과제 양식을 제공하기 위해서 [리소스 추가]를 클릭합니다.

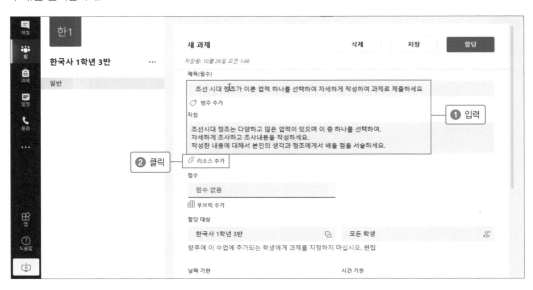

03 | 리소스 추가 대화상자가 표시되면 새로운 문서 파일을 만들기 위해서 왼쪽에서 (새 파일)을 선택하고 파일 형식 선택에서 (Word 문서)를 클릭합니다.

04 | 파일 이름은 필수이므로 파일 이름을 입력합니다. 조선시대 정조에 대한 과제를 출제할 예정이므로 '과제 양식 _ 조선시대 정조에 대해서'라고 입력하고 (첨부) 버튼을 클릭합니다.

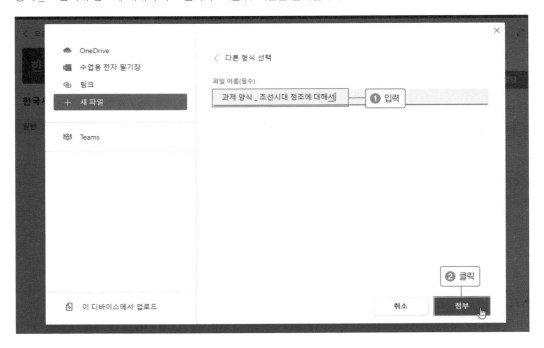

05 │ 현재 첨부된 리소스 파일은 학생들이 양식 자체를 수정할 수 있는 상태입니다. 학생들이 양식을 수정할 수 없고, 자동으로 복사본이 생성되어 제출할 수 있도록 파일 오른쪽의 (더보기) 버튼을 클릭한 다음 팝업 메뉴에서 (학생이 자신의 복사본 편집)을 선택합니다.

06 │ 양식을 작성하여 학생들에게 제공하기 위해서 파일명을 클릭합니다.

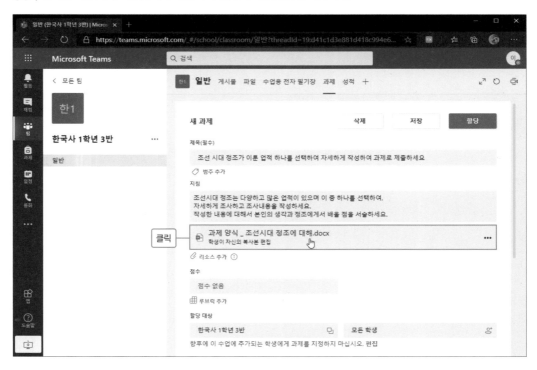

07 Word 앱이 브라우저에서 열리며, 양식을 작성하고 [닫기] 버튼을 클릭하면 자동으로 양식이 저장됩니다.

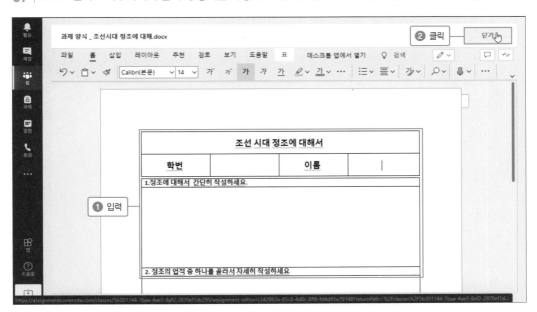

알아두기 | 공유할 수업 자료 MS 팀즈 메뉴에 고정하기

❶ 학생들이 직접 파일을 팀즈 내에서 쉽게 접근할 수 있도록 메뉴에 등록하여 공유할 수 있습니다. [파일] 메뉴로 이동하여 공유할 파일을 선택하고 [탭으로 설정]을 클릭합니다.

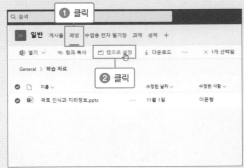

❷ 상단 메뉴에 공유한 자료가 고정되었으며, 학생 팀즈 메뉴에도 동일하게 고정되어 좀 더 쉽게 공유하여 활용할 수 있습니다.

폼즈를 이용한
수업 관리하기

폼즈 기능은 수업에 다양하게 활용할 수 있는 가장 중요한 기능 중 하나입니다. 시험을 보거나 퀴즈를 이용하여 학습 내용을 파악할 수 있고, 공동으로 폼즈를 만들어서 설문이나 기타 활동을 할 수 있습니다. 여기서는 폼즈를 추가하여 질문과 답변을 받는 방법부터 설문 응답 확인, 폼즈를 메뉴에 추가하여 공동으로 작업하는 방법 등 폼즈를 이용한 다양한 온라인 수업 방법을 알아봅니다.

Part 5

Section 01

상단 메뉴에 **폼즈(Forms) 앱 추가하기**

필요한 앱을 상단 메뉴에 추가해 쉽게 접근하여 사용할 수 있습니다. 상단 메뉴에 앱을 추가하기 위해서 Forms를 등록하고 학생과 공유해 보겠습니다.

01 | 상단 메뉴에 앱을 추가하여 수시로 활용하기 위해서 상단 메뉴에서 [탭 추가] 버튼을 클릭합니다.

02 | 탭 추가 대화상자가 표시되면 다양한 앱들을 추가할 수 있습니다. 앱의 항목 중에서 [Forms]를 클릭합니다.

03 | Forms 앱 관련 내용으로 변경되었습니다. 기존 양식에서 선택할 수 있지만 기본 설정인 [팀이 편집하고 결과를 볼 수 있는 공유 양식을 만듭니다.]를 선택하고, 양식 이름을 입력한 다음 [저장] 버튼을 클릭합니다.

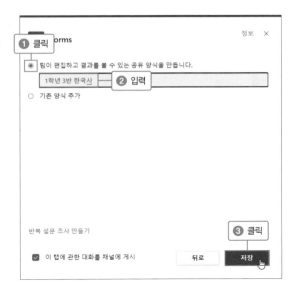

04 | 상단 메뉴에 입력한 양식 이름이 표시됩니다. 추가한 폼을 클릭하면 Forms 페이지로 이동되며 폼을 이용하여 설문으로 활용할 질문을 입력할 수 있습니다.

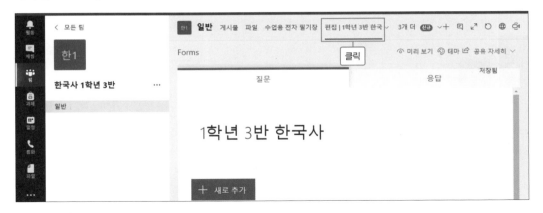

알아두기 언제나 상단 메뉴에서 숨겨진 메뉴를 클릭하고, 팝업 메뉴에서 해당 폼을 선택하면 Forms 페이지로 이동이 가능합니다.

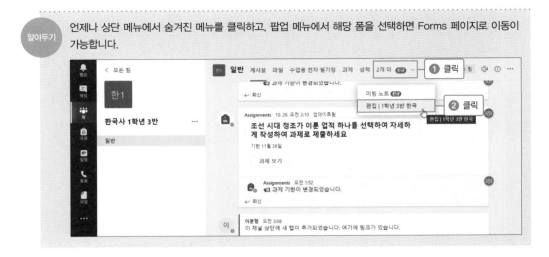

05 │ 학생의 팀즈에서 폼즈로 이동하기 위해서 상단 메뉴에서 (2개 더)를 클릭하고 팝업 메뉴에서 원하는 폼을 선택합니다.

06 │ Forms 페이지로 이동되며 질문을 만들 수 있습니다. 예제에서는 질문을 만드는 과정은 생략합니다. 오른쪽 상단 미리 보기 왼쪽에 현재 폼에 접속하여 편집 중인 사람의 프로필이 표시됩니다. 프로필에 마우스 커서를 가져가면 편집하는 사람의 정보가 표시됩니다.

07 │ 교사의 팀즈에도 미리 보기 왼쪽에 프로필이 표시되며 해당 폼에서 같이 편집하고 있는 사용자를 확인할 수 있습니다.

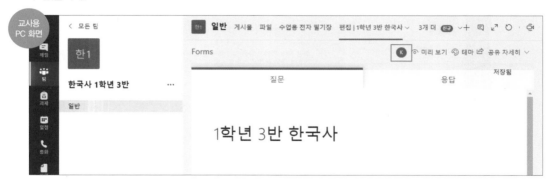

Section 02

폼즈를 메뉴에 추가하여 **공동 작업하기**

팀즈 화면 왼쪽 하단을 보면 앱 기능을 제공하며 다양한 앱을 추가하거나 선택하여 활용도를 높일 수 있습니다. 기본적으로 Forms 앱과 오피스 365의 Forms 기능을 제공합니다.

01 │ 앱으로 Forms를 활용하기 위해서 왼쪽 하단에 있는 [앱] 메뉴를 클릭합니다.

02 │ 다양한 앱을 선택할 수 있는 페이지가 표시되며 모든 앱 리스트 중에서 [Forms]를 선택합니다.

03 | Forms 대화상자가 표시되면 폼 문서를 만들기 위해서 Forms 앱을 실행해야 합니다. 앱을 실행하기 위해서 [열기] 버튼을 클릭할 수 있지만, 팀에 추가하기 위해서 열기 버튼 오른쪽의 [더보기] 버튼을 클릭하고 팝업 메뉴에서 [팀에 추가]를 선택합니다.

04 | Forms 설정 대화상자로 이동되며 앱을 통하여 문서를 적용할 팀즈를 선택할 수 있습니다. 검색란을 클릭하면 현재 운영하는 팀즈 리스트가 표시되며 적용할 팀즈를 선택합니다.

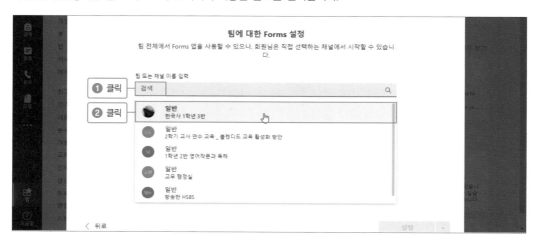

05 | 폼을 적용할 위치를 설정하기 위해서 [설정] 버튼 오른쪽에 [더보기] 버튼을 클릭합니다. 메뉴에 폼을 적용하기 위해서 팝업 메뉴에서 [탭 설정]을 선택합니다.

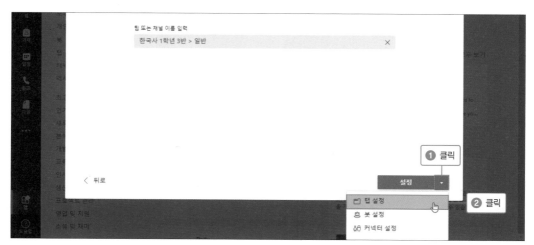

06 새로운 문서를 만들거나 선택할 수 있습니다. 새로운 폼 문서를 만들기 위해서 [팀이 편집하고 결과를 볼 수 있는 공유 양식을 만듭니다.]를 선택하고 문서 이름을 입력한 다음 [저장] 버튼을 클릭합니다.

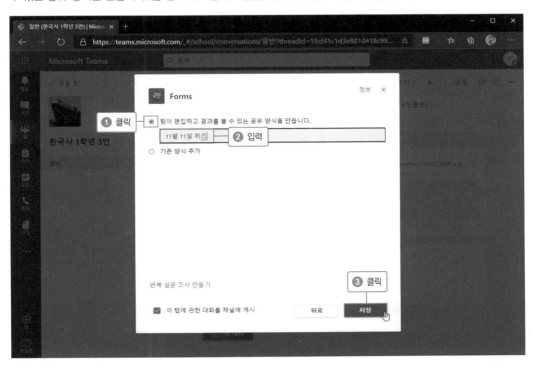

07 상단 메뉴에 편집 상태의 문서가 추가되었으며 질문을 만들 수 있는 페이지로 이동되었습니다.

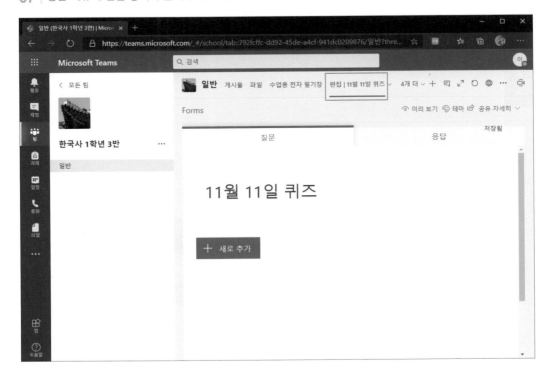

Section 03

폼즈를 추가하여 **질문 만들고 답변 받기**

학생과 같이 폼즈를 활용하여 설문이나 퀴즈 등을 만들고 설문의 내용을 확인할 수 있습니다. 메뉴에서 폼즈 기능을 추가하는 경우 자동 편집 기능으로 폼 기능이 활성화되며 메뉴에 표시됩니다. 폼즈 기능은 학습 효과를 높이기 위해서 레포트를 준비하거나 설문을 통하여 다양한 분야에 응용할 수 있습니다.

01 │ 메뉴에 폼을 추가한 다음 학생과 폼을 이용하여 퀴즈를 같이 만들고 응답을 받기 위해서 팀즈의 상단 메뉴에서 (탭 추가) 버튼을 클릭합니다.

02 │ 탭 추가 대화상자가 표시되면 최근 항목에서 (Forms)를 선택합니다. 최근 항목에 없다면 기타 탭 또는 팀즈의 앱 기능을 이용하여 폼을 활성화합니다.

03 | Forms 대화상자로 변경되며 새로운 폼 문서를 만들기 위해서 기본 설정 상태인 〔팀이 편집하고 결과를 볼 수 있는 공유 양식을 만듭니다.〕를 선택하고 파일명을 입력합니다. 〔저장〕 버튼을 클릭하여 입력한 이름으로 폼을 만듭니다.

> 팀에 속한 구성원과 편집하지 않고 설문의 답변만 받는 경우는 〔기존 양식 추가〕로 선택하고 미리 만든 양식을 적용합니다.

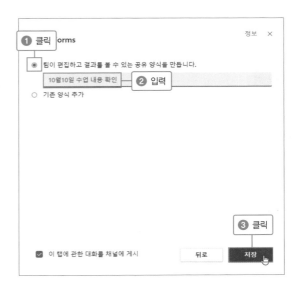

04 | 파일명이 질문의 상단 타이틀로 입력되어 있습니다. 새로운 질문을 추가하기 위해서 〔새로 추가〕 버튼을 클릭합니다.

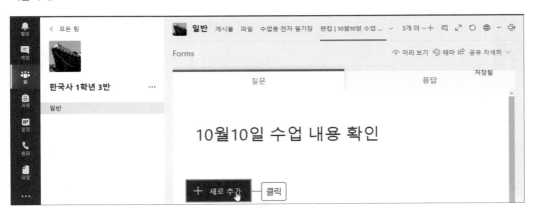

05 | 질문의 유형을 선택할 수 있도록 선택 메뉴가 표시되며, 객관식으로 선택할 수 있는 질문을 만들기 위해서 〔선택 항목〕을 선택합니다.

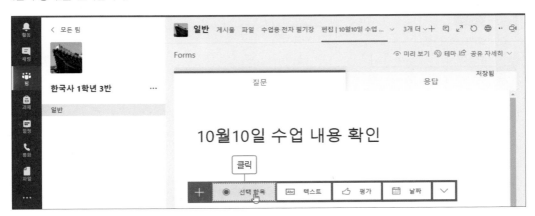

06 │ 객관식 질문 유형이 표시되며 질문 내용을 입력합니다. 기본적으로 보기 2개가 표시됩니다. 보기 내용을 입력한 다음 보기를 추가하기 위해서 (옵션 추가)를 클릭합니다.

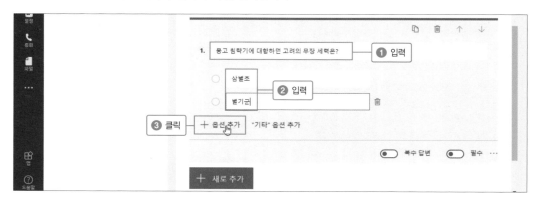

07 │ 추가된 보기에 내용을 입력하고 필수 질문으로 설정하기 위해서 필수의 (토글 스위치)를 클릭합니다.

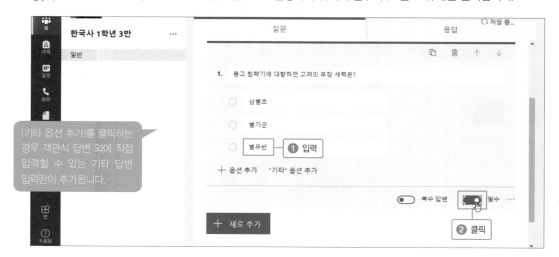

08 │ 만든 질문을 공유하기 위해서 오른쪽 상단에 (공유)를 클릭합니다.

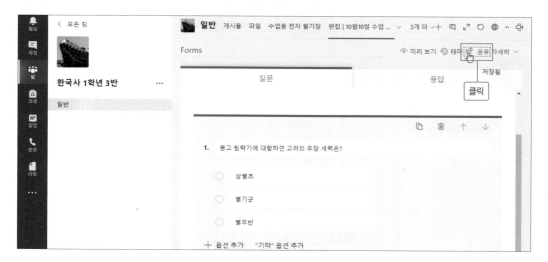

09 | 응답 보내기 및 수집 대화상자가 표시되면 응답을 할 수 있는 링크를 복사하기 위해서 (복사) 버튼을 클릭합니다.

10 | 상단 메뉴에서 (게시물) 메뉴를 클릭합니다. 새로 만든 폼이 탭에 추가되었으며 해당 폼에 관련된 링크가 표시됩니다.

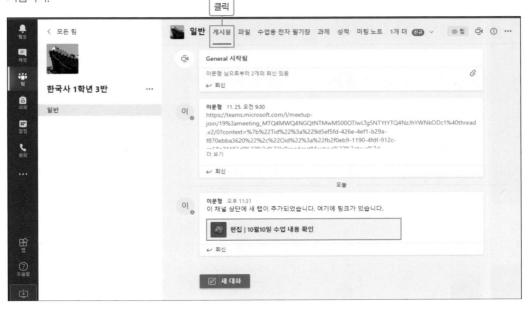

알아두기

학생 MS 팀즈 상단 메뉴에도 교사가 만든 폼이 편집 가능한 상태로 추가되며, 필요에 따라서 질문을 수정하거나 응답 결과를 확인할 수 있습니다.

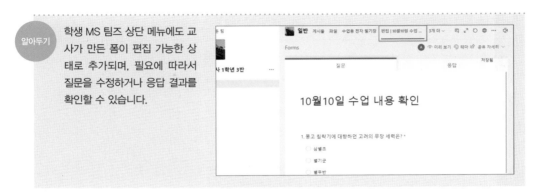

11 | 복사한 링크를 게시하여 답변 받기 위해 게시물 페이지에서 (새 대화) 버튼을 클릭하여 새로운 글을 만듭니다.

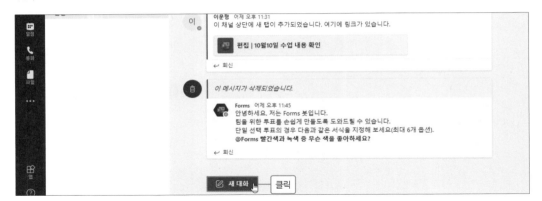

12 | 새로운 글을 입력할 수 있는 대화 창이 표시되면 Ctrl + V 를 눌러서 링크를 붙여 넣습니다. 입력된 내용을 확인하고 (보내기) 버튼을 클릭합니다.

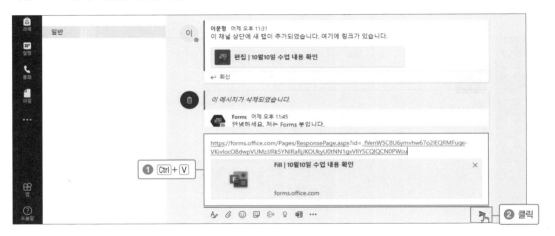

13 | 해당 팀즈의 구성원이라면 게시물의 링크를 클릭하여 설문에 답변할 수 있습니다.

14 │ 학생의 게시물에도 링크가 등록되었으며 설문에 답변을 하기 위해서 게시물에 포함된 폼 링크를 클릭합니다.

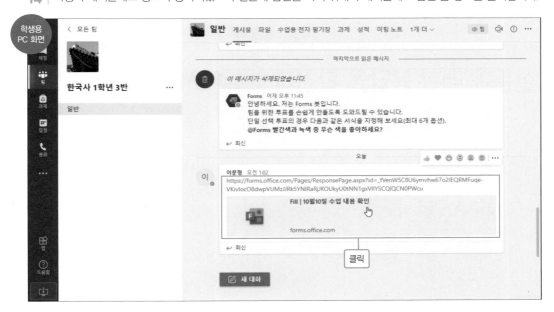

15 │ 브라우저의 새로운 탭에 설문이 표시되면 답변을 선택하고 (제출) 버튼을 클릭하여 설문을 완료합니다.

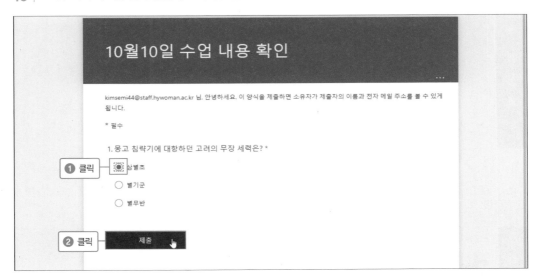

16 │ 답변이 완료되면 '감사합니다! 응답이 제출되었습니다.'라고 표시됩니다

Section 04

설문에 대한 **응답을 확인과 메뉴에서 폼즈 제거하기**

폼즈를 메뉴에 추가하면 기본적으로는 편집 상태가 되며, 설문 내용을 수정할 수 있고 응답을 확인할 수 있습니다. 공동 작업이 가능한 상태로 메뉴에 등록되어 있지만 학생은 메뉴에서 제거할 수 없으며, 교사가 메뉴에서 제거하면 모든 구성원의 메뉴에서 제거됩니다.

01 상단 메뉴에서 편집 중인 폼즈를 선택하면 폼 내용을 수정할 수 있는 페이지로 이동됩니다. 응답을 확인하기 위해서 〔응답〕 탭을 클릭합니다.

02 응답 결과를 확인할 수 있으며 응답 결과를 좀 더 자세하게 엑셀에서 확인하기 위해서 〔Excel에서 열기〕를 클릭합니다.

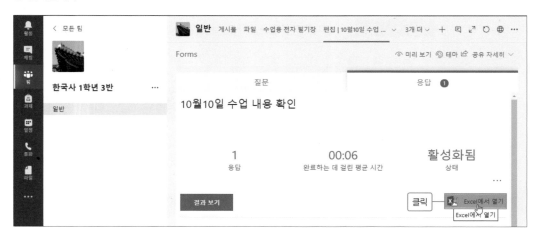

03 | 응답한 내용이 새로운 탭의 엑셀 프로그램으로 표시됩니다. 답변한 시간과 이름 그리고 답변을 확인할 수 있습니다.

04 | 엑셀 문서 확인하고 팀즈 탭을 클릭하여 이동합니다. 설문 응답 내용을 작성자별로 확인하기 위해서 〔결과 보기〕 버튼을 클릭합니다.

05 | 작성자별로 결과를 확인할 수 있으며 답변한 내용을 폼즈 형태로 확인이 가능합니다.

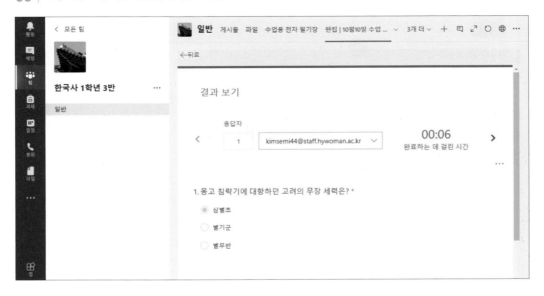

06 | 설문에 대한 공동 작업이 완료되었거나 상단 메뉴에서 제거할 필요가 있을 경우 교사만 메뉴에서 제거할 수 있습니다. 폼을 제거하기 위해서 폼즈 이름 오른쪽에 (더보기) 버튼을 클릭하고 팝업 메뉴에서 (제거)를 선택합니다.

07 | 탭 제거를 확인하는 대화상자가 표시되면 해당 폼즈를 메뉴에서 제거하기 위해서 (제거) 버튼을 클릭합니다.

08 | 상단 메뉴에서 해당 폼즈가 삭제된 것을 확인할 수 있습니다.

Section 05

편집 불가능한 폼즈를 상단 메뉴에 추가하기

공동 작업이 필요하지 않고 학생들에게 답변을 받기 위해서는 미리 만든 폼즈를 상단 메뉴에 추가할 수 있으며 편집 불가능한 채우기 형태로 제공됩니다. 채우기 형태로 메뉴에 추가하려면 폼즈를 미리 만들어야 합니다.

01 │ 편집 불가능한 설문에 답변을 받기 위해서 상단 메뉴에 폼을 추가할 수 있으며 미리 만든 설문을 메뉴에 추가하기 위해서 (탭 추가) 버튼을 클릭합니다.

02 │ 탭 추가 대화상자가 표시되면 폼즈를 추가하기 위해서 최근 항목에서 (Forms)를 선택합니다.

03 | Forms 대화상자가 표시되면 미리 만든 폼즈를 선택하기 위해서 (기존 양식 추가)를 선택합니다. 검색란을 클릭하면 폼즈로 만든 문서 리스트가 표시되며 탭에 추가할 문서를 선택합니다.

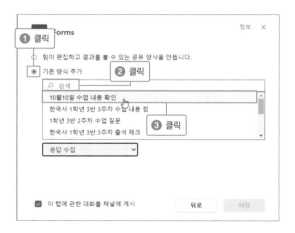

04 | 응답 수집으로 지정된 내용을 확인한 다음 (저장) 버튼을 클릭합니다.

05 | 상단 메뉴에 채우기 표시와 함께 폼즈가 추가된 것을 확인할 수 있으며, 설문을 할 수 있는 페이지로 이동됩니다. 편집과 달리 질문, 응답 탭이 없이 답변만 가능합니다.

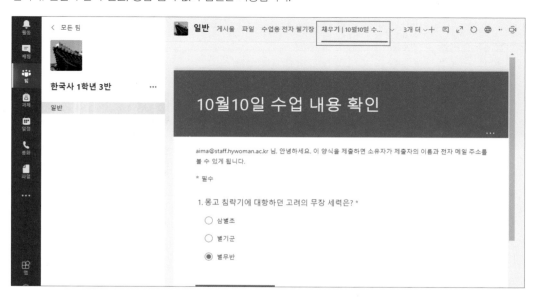

06 | 학생 MS 팀즈의 게시물에 채우기 형태로 추가된 것을 확인할 수 있습니다. 상단 메뉴에서 '신규'를 클릭하고 폼즈를 선택할 수 있습니다. 게시물 페이지에서 설문으로 이동하기 위해서 게시물에 등록된 채우기 폼즈를 클릭합니다.

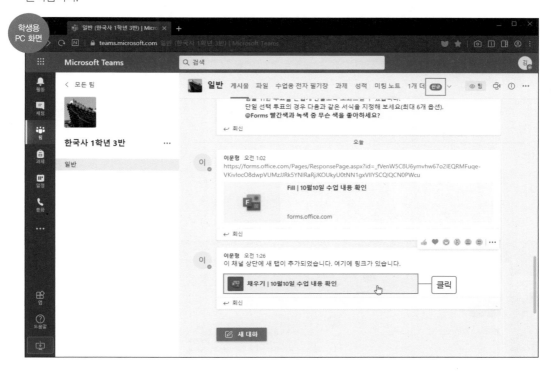

07 | 폼즈 페이지로 이동되며 상단 메뉴에도 채우기 표시가 있는 폼즈가 등록되어 있습니다. 설문 내용을 확인하고 답변할 수 있습니다.

Section 06

폼즈를 이용하여 **설문 응답 확인하기**

공동 작업이 가능한 편집 상태의 폼을 메뉴에 등록한 경우 질문과 응답 탭을 활용하여 설문을 수정하고 결과를 확인할 수 있습니다. 채우기 형태인 경우에는 응답 결과를 확인하기 위해서는 오피스 365에 포함된 Forms 기능을 이용하여 확인이 가능합니다.

01 | 오피스 365의 Forms를 활성화하기 위해서 왼쪽 상단에 (앱 시작 관리자) 버튼을 클릭합니다.

02 | 기본적인 앱을 확인할 수 있는 서랍 메뉴가 왼쪽에 표시됩니다. Forms는 기본적인 앱 8가지에 포함되지 않기 때문에 (Microsoft 365)를 클릭합니다.

03 | 왼쪽에 있는 오피스 365에 포함된 앱들 중 (Forms) 버튼을 클릭합니다.

04 | 응답 결과를 확인하기 위해 폼 문서를 클릭하면 설문으로 이동되며 설문에 포함된 질문과 응답을 확인할 수 있습니다.

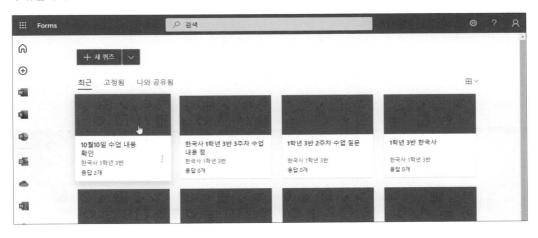

05 | 공동 작업한 설문은 교사와 학생 모두 문서로 등록되어 있으며 현재는 학생 팀즈의 화면입니다. 교사와 같이 오피스 365에서 Forms를 선택하면 공동 작업한 설문 문서를 확인할 수 있으며 문서를 클릭합니다.

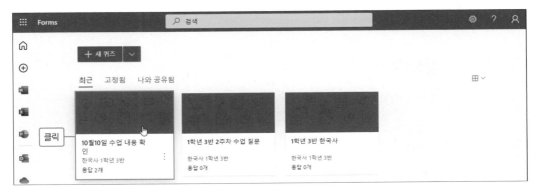

06 | 해당 설문 문서로 이동되며 질문을 확인할 수 있습니다. 응답 결과를 확인하기 위해서 [응답] 탭을 클릭합니다.

07 | 응답 페이지로 이동하여 설문 결과를 확인할 수 있습니다. 학생과 교사 모두 동일하게 해당 기능을 사용할 수 있습니다.

설문 결과 및 질문 수정 등의 기능을 제공하지 않기 위해서는 미리 오피스 365의 Forms를 이용하여 문서를 만들고 채우기 형태로 폼을 제공해야 합니다.

Section 07

수업 점검을 하는 **수업 평가 페이지 만들기**

수업 개선과 수업에 대한 내용을 파악하기 위해서 폼을 이용하여 수업 평가에 대한 설문 문서를 만들어 보겠습니다. 학생들에게는 응답 결과를 공유하거나 질문을 수정할 수 없도록 오피스 365에서 Forms를 이용하여 문서를 만듭니다.

01 | 오피스 365를 이용하기 위해서 왼쪽 상단에 〔앱 시작 관리자〕 버튼을 클릭합니다.

02 | 서랍 메뉴로 오피스 365 기본적인 앱 리스트가 표시되며 Forms은 기본적으로 제공되는 앱이 아니기 때문에 〔Microsoft 365〕를 클릭합니다.

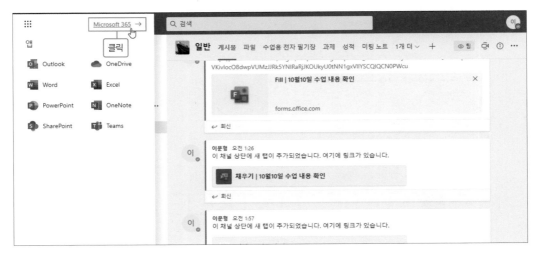

03 | 오피스 365로 이동하면 기존에 만들거나 공유받은 문서 리스트가 표시됩니다. 왼쪽 앱 리스트 중에서 (Forms) 버튼을 클릭하여 폼으로 이동할 수 있지만 새 문서를 바로 폼즈 문서로 만들기 위해서 (만들기) 버튼을 클릭합니다. 팝업 메뉴에서 (퀴즈)를 선택하여 폼즈 문서를 만듭니다.

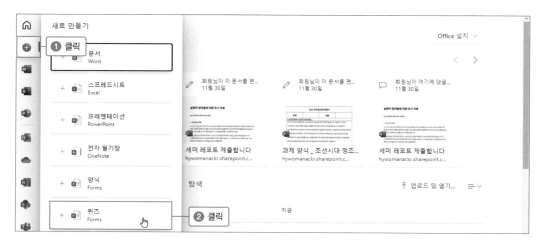

04 | 브라우저의 새로운 탭에 새로운 폼 문서가 만들어집니다. 질문의 제목과 설명을 입력합니다. 입력한 제목으로 문서가 생성됩니다.

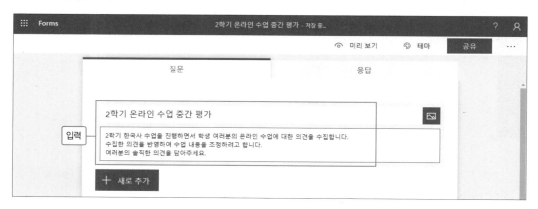

05 | 평가 질문을 만들기 위해서 (새로 추가) 버튼을 클릭하고 팝업 메뉴에서 (평가)를 선택합니다.

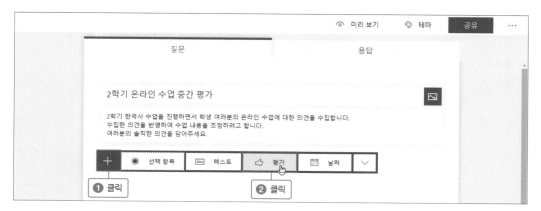

06 | 별점 평가가 가능한 질문 유형으로 만들어지며, 전체적인 평가에 관련된 질문 내용을 입력합니다. 필수로 설정하기 위해서 필수의 (토글 스위치)를 클릭합니다.

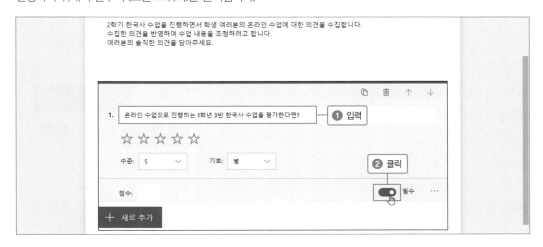

알아두기

수준에 지정된 숫자에 따라서 별의 숫자가 조정되며 별과 숫자 형태로 평가 질문을 만들 수 있습니다.

07 | 새로운 객관식 질문을 추가하기 위해서 (새로 추가) 버튼을 클릭하고 팝업 메뉴에서 (선택 항목)을 선택합니다.

08 | 객관식 답변을 받을 질문을 입력하고 객관식으로 선택할 답변의 내용도 입력합니다. 질문이 필수로 설정되어 있는지 확인하고, 객관식 답변을 추가하기 위해서 [옵션 추가]를 클릭합니다.

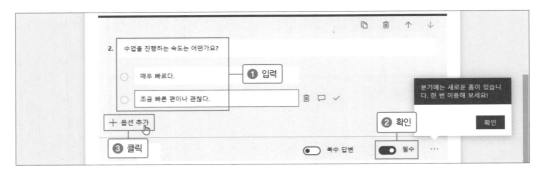

09 | [옵션 추가]를 클릭하면서 총 5개의 답변 내용을 만들어서 입력합니다.

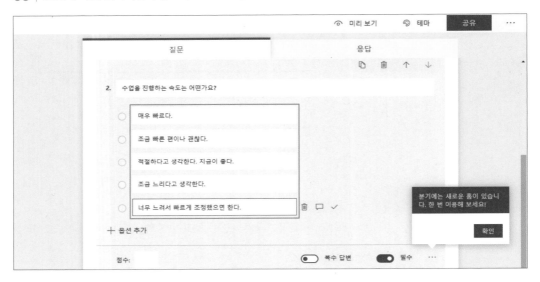

10 | 도표 형태로 조합하여 선택할 수 있는 질문을 만들기 위해서 [새로 추가] 버튼을 클릭하고 팝업 메뉴에서 오른쪽에 있는 [더보기] 버튼을 클릭합니다. 더보기 팝업 메뉴에서 특정 주제에 대해서 여러 질문을 조합 형태로 만들 수 있는 [Likert]를 선택합니다.

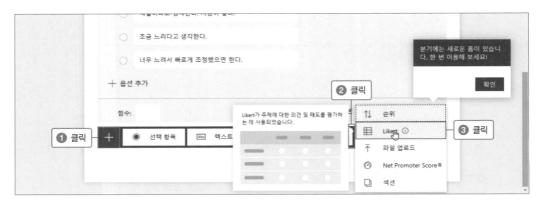

11 | 여러 질문 항목에 대한 대표적인 질문 내용을 질문란에 입력하고 필수 질문으로 설정합니다. 표의 상단에 있는 옵션 1~5에 답변으로 선택할 수 있는 척도에 대한 내용을 입력합니다.

12 | 명령문에 답변을 받을 각 질문 내용을 입력합니다.

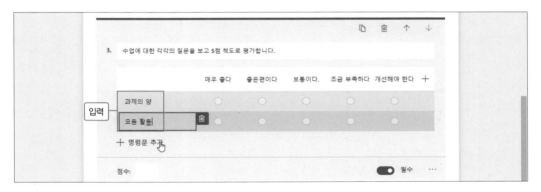

13 | 명령문을 추가하기 위해서 (명령문 추가)를 클릭하고 질문 내용을 추가로 입력합니다.

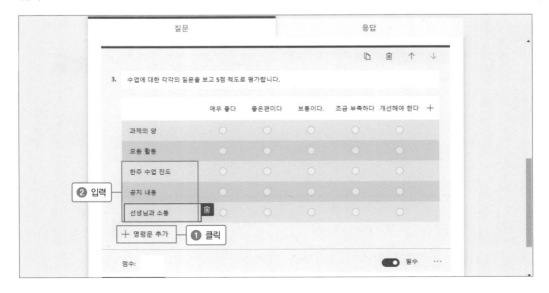

14 │ 의견을 입력 받을 질문을 만들기 위해서 (새로 추가) 버튼을 클릭하고 팝업 메뉴에서 (텍스트)를 선택합니다.

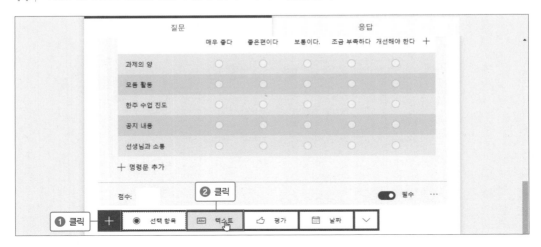

15 │ 의견으로 받을 질문 내용을 입력하고 답변을 길게 작성할 수 있도록 긴 답변의 (토글 스위치)를 클릭합니다.
필수의 (토글 스위치)도 클릭하여 필수 답변으로 설정합니다.

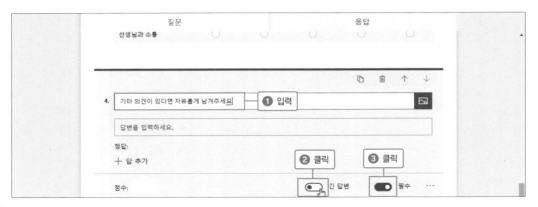

16 │ 작성한 설문을 확인하기 위해서 (미리 보기)를 클릭합니다.

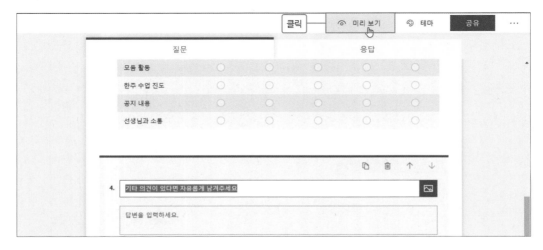

17 │ 미리 보기 페이지로 이동되며 설문 내용을 확인합니다. 컴퓨터로 휴대폰에서 보이는 형태를 확인할 수도 있습니다.

알아두기 Likert로 작성한 질문은 라디오 버튼 형태로 컴퓨터에서는 한번에 보이지만, 모바일에서는 아코디언 형태로 각 질문이 펼쳐지면서 답변 가능한 형태로 제공됩니다.

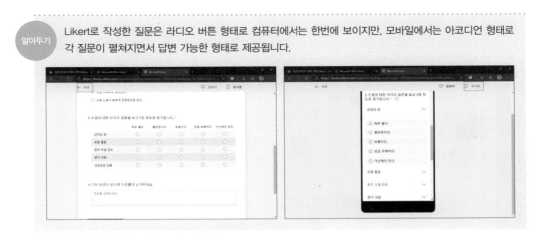

18 │ 설문 페이지로 다시 이동하기 위해서 왼쪽 상단에 (뒤로)를 클릭합니다.

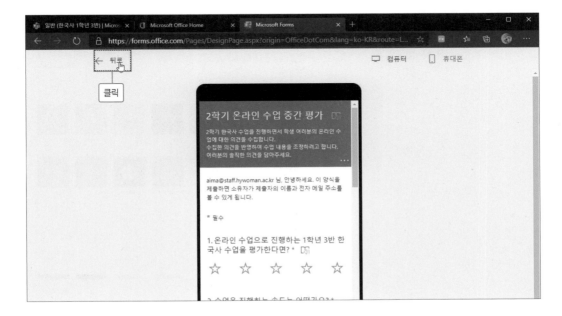

19 | 설문을 공유하기 위해서 (공유) 버튼을 클릭하고 링크를 복사하여 필요한 곳에 붙여 넣을 수 있습니다.

20 | 상단 메뉴에 등록하여 수업 평가에 대한 설문을 하기 위해서 적용할 팀즈 페이지로 이동하고 (탭 추가) 버튼을 클릭합니다.

21 | 탭 추가 대화상자가 표시되면 (Forms)를 선택하여 폼 기능을 활성화합니다.

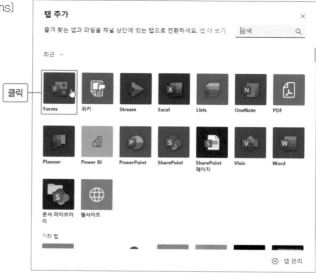

22 │ Forms 대화상자가 표시되면 (기존 양식 추가)를 선택하고 검색란을 클릭하여 작성한 폼 문서를 선택합니다.

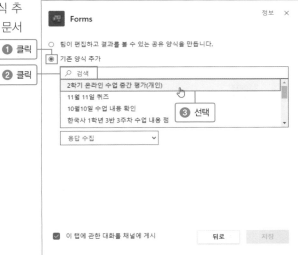

23 │ 문서가 선택되면 오른쪽 하단 (저장) 버튼이 활성화됩니다. 적용할 문서와 (응답 수집)으로 지정된 것을 확인하고 (저장) 버튼을 클릭합니다.

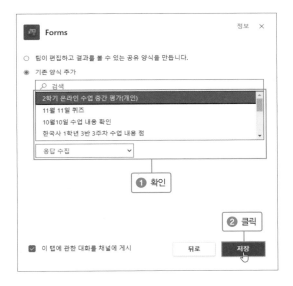

24 │ 상단 메뉴에 채우기 형태로 설문이 적용된 것을 확인할 수 있으며 해당 설문 페이지로 이동됩니다.

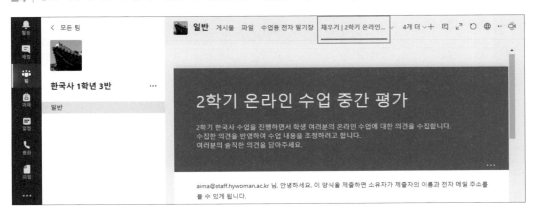

25 | 학생의 팀즈 상단 메뉴에도 채우기 형태로 해당 문서가 적용된 것을 확인할 수 있으며, 해당 문서를 클릭하면 설문에 답을 할 수 있습니다.

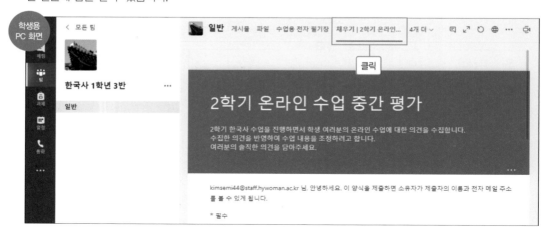

26 | 설문에 답을 하고 제출하기 위해서 (제출) 버튼을 클릭합니다.

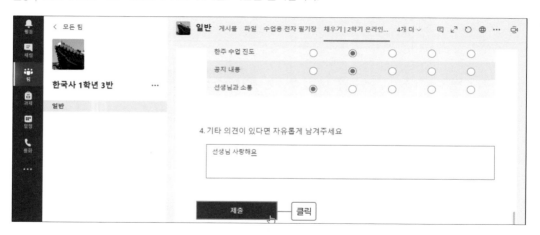

27 | 제출이 완료되면 '감사합니다! 응답이 제출되었습니다.'라는 메시지가 표시됩니다. 본인이 답변한 결과를 확인하기 위해서 (결과 보기) 버튼을 클릭합니다.

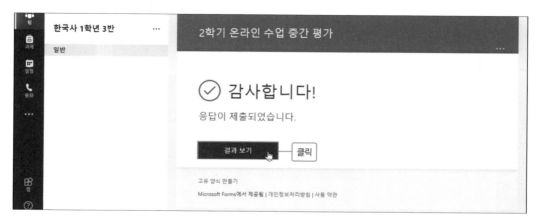

28 │ 자신이 답변한 내용을 확인할 수 있으며 이전 페이지로 돌아가기 위해서 하단에 (감사 페이지로 돌아가기) 를 클릭합니다.

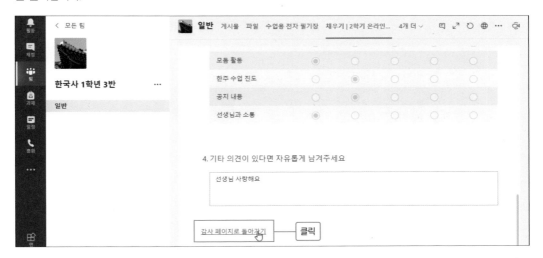

29 │ 이전 페이지로 이동된 것을 확인할 수 있습니다.

30 │ 응답 결과를 확인하기 위해서 오피스 365의 Forms로 이동한 다음 해당 문서를 선택해서 질문 페이지로 이동해야 합니다. 응답 결과를 확인하기 위해서 (응답) 탭을 클릭합니다.

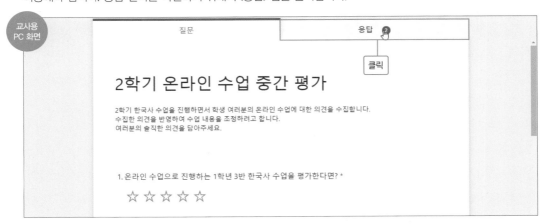

31 │ 응답 결과를 확인할 수 있는 페이지로 이동되며 그래프 형태로 결과를 확인할 수 있습니다.

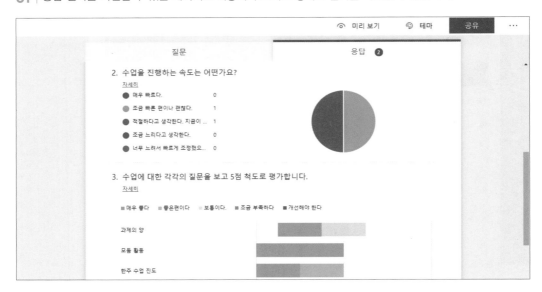

32 │ 응답 결과를 엑셀 문서로 저장하여 보기 위해서 [Excel에서 열기]를 클릭합니다.

알아두기 | 답변 검토와 성적 게시 기능을 지원하며 답변 검토는 학생별로 답변한 내용을 확인할 수 있고, 성적 평가가 필요한 경우 채점 및 피드백을 제공할 수 있습니다. | 성적 게시 기능을 사용하는 경우 미리 보기 기능으로 답변한 내용을 확인할 수 있고, 평가를 위해서 질문할 때 성적을 입력하면 점수 평가가 가능합니다.

▲ 답변 검토 화면

▲ 성적 게시 화면

33 │ 엑셀 문서가 다운로드되며 브라우저 하단에 다운로드 상황을 확인할 수 있습니다. 다운로드가 완료되면 (파일 열기)를 클릭합니다.

34 │ 저장된 문서는 엑셀 프로그램에서 확인이 가능합니다.

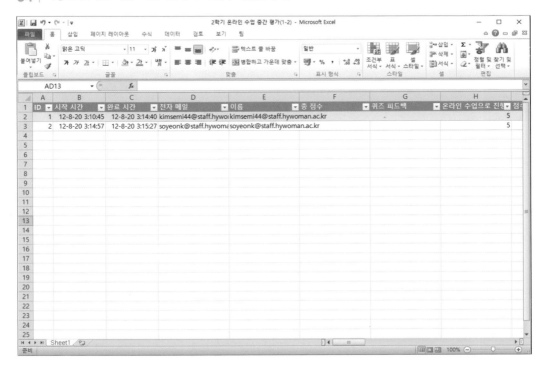

과제 평가와
성적 반환하기

수업에 대한 평가를 위해서 시험을 볼 수 있지만 시험
보다 학습 효과를 높일 수 있는 부분은 과제입니다. MS
팀즈에서는 평가에 대한 기준인 평가표를 제공하여
공정하게 과제를 평가할 수 있으며, 여러 과제를 한번
에 평가하는 기능을 제공하여 교사가 편리하게 과제를
출제하고, 평가할 수 있도록 도와줍니다. 여기서는 제
출된 과제를 평가표로 평가하는 방법부터 퀴즈 제작,
성적 평가와 반환 방법을 알아봅니다.

Part 6

Section 01

루브릭으로 만든 평가표로 **과제 평가하기**

많은 과제를 평가하려면 매우 어렵기도 하지만 학생들도 평가 기준이 궁금할 수 있습니다. 이럴 때 사용하는 것이 바로 평가에 대한 기준으로 사용할 수 있는 평가표입니다. MS 팀즈에서는 과제를 만들 때 루브릭을 추가하여 평가표를 제시하고 평가할 때도 쉽고 편리하게 평가할 수 있습니다. 본 예제는 Section 03까지 이어서 진행합니다.

01 │ 평가를 편리하고 명확한 기준을 제시하여 학생들이 평가에 대한 궁금증을 갖지 않도록 하기 위해서 점수를 '20'을 입력하고 (루브릭 추가)를 클릭합니다.

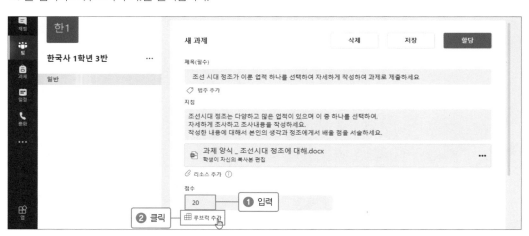

02 │ 루브릭 선택 대화상자가 표시되면 기존에 만든 루브릭을 선택할 수 있고 외부에 만들어 둔 루브릭을 업로드하여 사용할 수 있습니다. 별도로 만들어 둔 루브릭이 없으므로 새로운 루브릭을 만들기 위해서 (새 루브릭)을 클릭합니다.

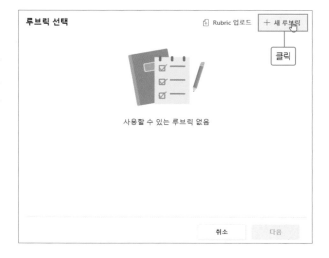

03 │ 평가표에 대한 제목과 설명을 입력하고 점수 평가 및 반영을 위해서 점수의 (토글 스위치(◼️))를 클릭하여 '예'로 변경합니다.

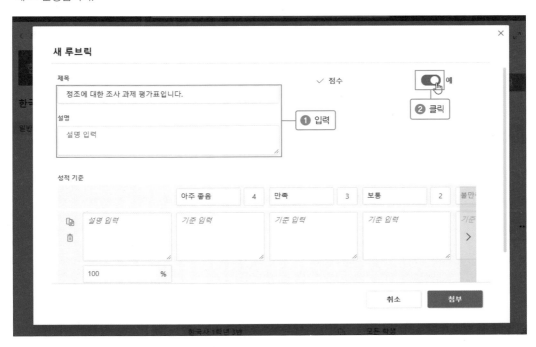

04 │ 성적 기준에 평가를 구분할 점수를 입력합니다. 현재는 '5', '3', '1', '0' 총 4단계로 점수를 입력하였습니다. 평가 항목은 왼쪽에 평가 점수가 없는 항목에 입력하고 각 점수별로 설명을 입력합니다. 모든 내용을 입력하였으면 성적 기준을 추가하기 위해서 (더하기) 버튼을 클릭합니다.

05 | 같은 방법으로 총 3개의 평가 기준을 만들고 '25%', '50%'. '25%'로 3개의 항목을 구분합니다. 가중치를 이용하여 평가 점수를 자동 합계로 만들 수 있습니다. 모든 항목의 입력과 설정이 끝나면 (첨부) 버튼을 클릭하여 루브릭을 완료합니다.

06 | 작성된 루브릭을 확인하기 위해서 과제 페이지의 점수 오른쪽에 있는 (루브릭)을 클릭합니다.

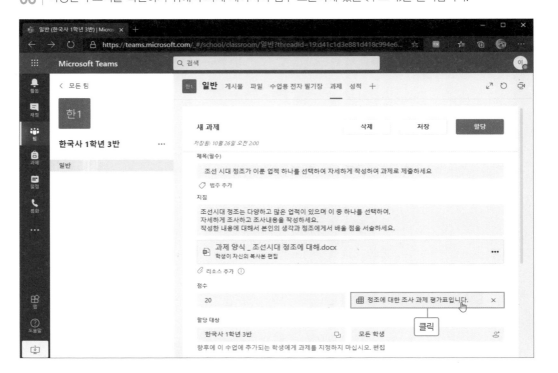

07 | 루브릭을 수정하여 평가표 내용을 수정하려면 (편집) 버튼을 클릭합니다.

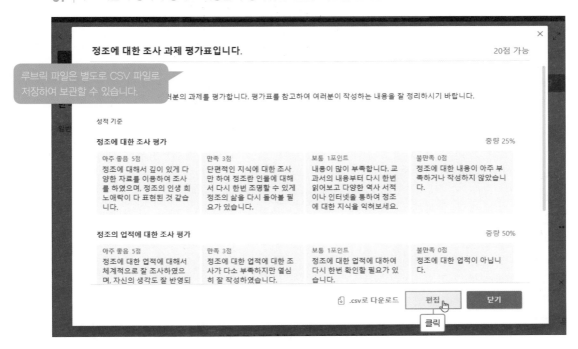

08 | 루브릭에 적용된 평가표 내용을 모두 수정하였다면 오른쪽 하단에 (업데이트) 버튼을 클릭합니다.

09 | 과제 할당 대상과 기한을 지정하고 과제를 학생들에게 할당하기 위해서 오른쪽 상단에 (할당) 버튼을 클릭합니다.

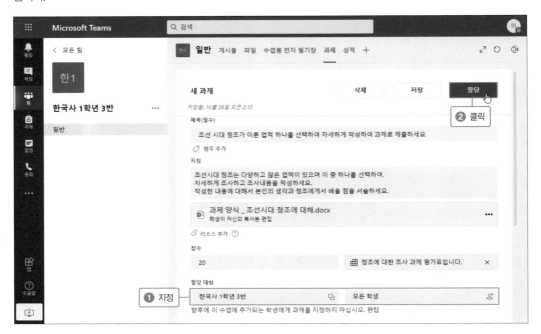

10 | 과제 페이지로 이동되며 할당된 과제가 표시됩니다. 초안에는 작성중이던 과제가 표시되어 있는 상태입니다.

Section 02

루브릭이 적용된 **과제 평가 내용을 확인하고 제출하기**

루브릭을 이용하여 평가표가 적용되었다면 과제를 작성할 때 학생들은 평가 기준을 알거나 내용을 확인할 수 있기 때문에 질문이 줄어들 수 있고, 평가에 따른 내용을 확인할 수 있기 때문에 좀 더 효율적으로 성적 관리를 할 수 있습니다. 루브릭에 적용된 평가표를 확인하고 양식을 이용하여 과제를 제출해 보겠습니다.

01 │ 과제를 제출하기 위해서 게시물 중에서 과제를 제출할 게시물의 〔과제 보기〕 버튼을 클릭합니다.

02 │ 과제 상세 페이지에 루브릭이 적용된 것을 확인할 수 있습니다. 루브릭의 평가표를 확인하기 위해서 〔루브릭〕을 클릭합니다.

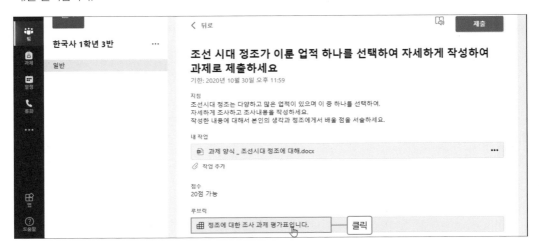

03 | 루브릭에 적용된 평가표에서 세부 내용을 확인할 수 있습니다. 평가표를 확인한 다음 (닫기) 버튼을 클릭합니다.

04 | 과제를 제출하기 위해서 내 작업에 포함되어 있는 리소스 즉 양식 파일을 클릭합니다.

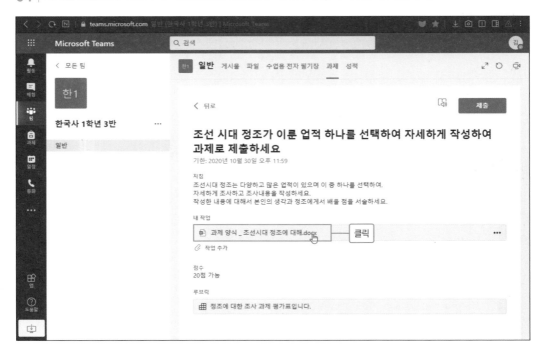

05 | docx 형식이기 때문에 Word 문서 앱에서 문서가 열리며, 과제를 작성 완료하면 [닫기] 버튼을 클릭합니다.

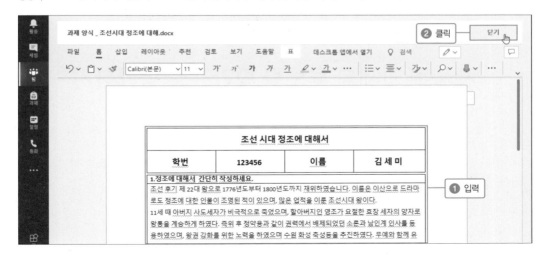

06 | 과제 페이지로 이동되며 과제를 제출하기 위해서 오른쪽 상단에 [제출] 버튼을 클릭합니다.

07 | 과제를 제출하는 경우 [제출] 버튼에 랜덤으로 애니메이션이 표시되면서 과제 제출이 완료됩니다.

Section 03

제출된 과제를 **루브릭 평가표로 평가하기**

과제를 평가할 때 평가 기준이 있다면 많은 과제를 평가할 때 편리하며, 학생들도 평가 기준에 맞춰 평가된 내용에 부정적인 의견이 생길 가능성이 낮아지게 됩니다. 과제를 만들 때 루브릭을 이용하는 방법에 이어서 평가해 보도록 하겠습니다.

01 〔과제〕 메뉴에서 할당된 과제를 확인해 보면 현재 5명의 학생 중 2명이 과제를 제출한 것을 확인할 수 있습니다. 과제를 평가하기 위해서 평가할 과제를 클릭합니다.

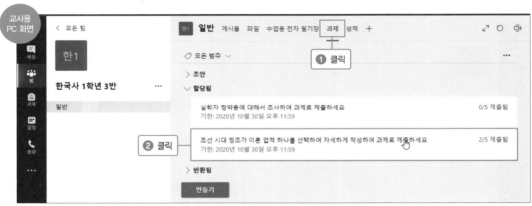

02 과제 평가 페이지로 이동되며 과제를 제출한 학생의 상태는 '제출됨'으로 표시되어 있습니다. 과제를 평가하기 위해서 〔제출됨〕을 클릭합니다.

03 | 과제를 평가할 수 있도록 제출된 과제를 확인할 수 있습니다. 평가표를 활용하여 평가하기 위해서 오른쪽에서 (루브릭)을 클릭합니다.

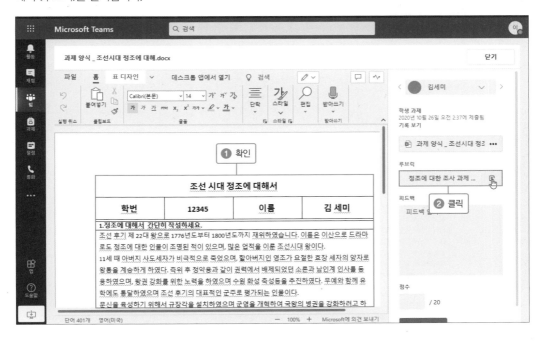

04 | 루브릭 대화상자에 표시된 평가 내용을 각각 클릭하면 파란색으로 변경되며 점수가 자동으로 가중치를 고려하여 변경됩니다. 각각의 항목별을 피드백도 입력하고 (완료) 버튼을 클릭합니다.

05 | 전체 평가에 대한 피드백을 입력하고 평가된 성적을 학생이 확인할 수 있도록 (반환) 버튼을 클릭합니다.

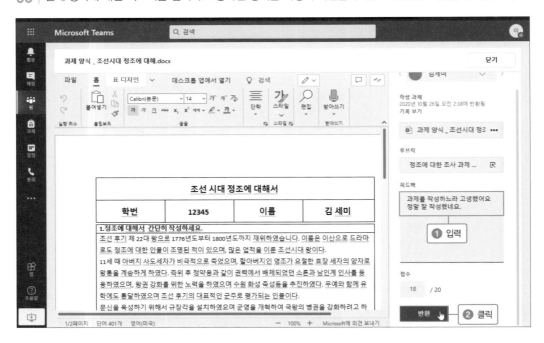

06 | 학생의 팀즈에서 과제를 보면 완료됨 항목에 평가가 완료되어 과제 오른쪽에 체크가 표시됩니다. 평가된 과제의 내용을 확인하기 위해서 완료된 과제를 클릭합니다.

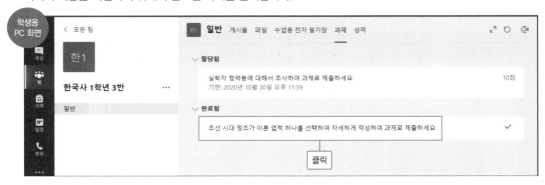

알아두기

과제 평가가 완료되어 반환되면 알림과 채팅에 표시됩니다. 현재 할당 반환됨이 두 번 표시된 것은 교사가 평가를 하고 다시 수정하여 반환을 한 경우로, 평가를 반환할 때마다 메시지가 표시됩니다.

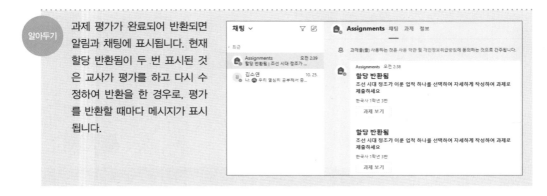

07 | 과제 상세 페이지로 이동되며 피드백 및 점수가 표시됩니다. 루브릭을 확인하기 위해서 루브릭에 적용된 평가표를 클릭합니다.

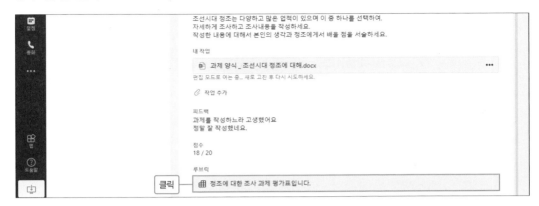

08 | 평가표에 체크된 내용 및 각 항목별로 피드백을 확인할 수 있습니다. 모든 평가 내용을 확인하였다면 〔닫기〕 버튼을 클릭합니다.

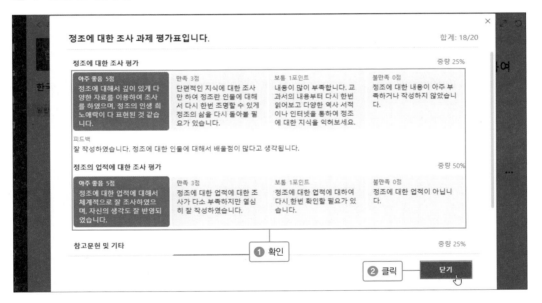

09 | 〔성적〕 메뉴를 클릭하여 성적을 확인하고 현재 과제에 대한 평가 진행을 확인할 수 있습니다.

Section 04

퀴즈 과제로 **수업 내용 확인하기**

과제보다는 가볍게 학생들이 수업에 열심히 참여할 수 있습니다. 퀴즈를 출석체크로 활용할 수 있으며, Forms 기능을 활용하여 만들 수 있습니다.

01 | 퀴즈를 통한 과제를 만들기 위해서 (과제) 메뉴에서 (만들기) 버튼을 클릭하고 팝업 메뉴에서 (퀴즈)를 선택합니다.

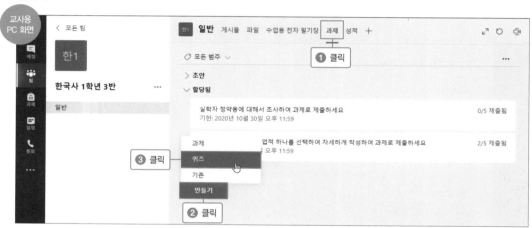

02 | 양식 대화상자가 표시되면 미리 만든 퀴즈가 없기 때문에 퀴즈 선택 항목이 비어 있습니다. 새로운 퀴즈 문제를 만들기 위해서 (새 퀴즈)를 클릭합니다.

03 | Forms 앱이 새로운 탭에 열립니다. 퀴즈의 제목과 기본적인 설명을 입력하고 퀴즈 문항을 만들기 위해서 〔새로 추가〕 버튼을 클릭합니다.

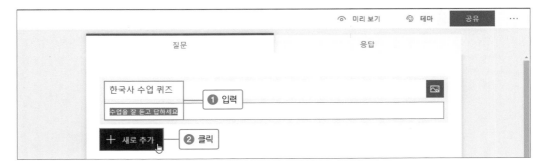

04 | 퀴즈의 종류를 객관식 퀴즈로 설정하기 위해서 〔선택 항목〕을 클릭합니다.

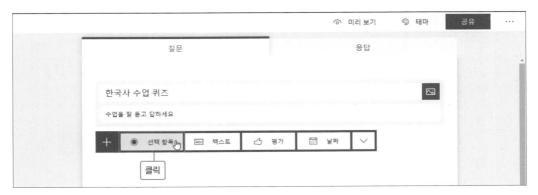

05 | 퀴즈 문항을 입력하고 보기로 선택할 수 있는 옵션을 입력합니다. 기본적으로 옵션이 두 개만 제공되기 때문에 보기를 추가하기 위해서 〔옵션 추가〕를 클릭합니다.

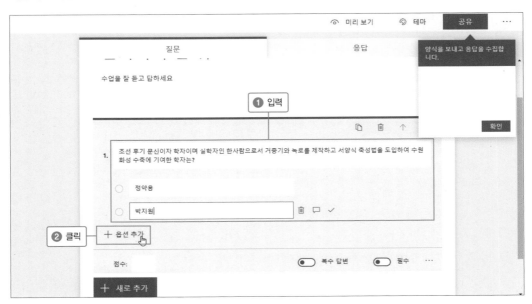

06 | 옵션을 추가하면서 총 4개의 보기를 만들어 줍니다. 평가를 위해서 점수에 '1'을 입력하고 필수의 (토글 스위치)를 클릭하여 필수로 설정합니다.

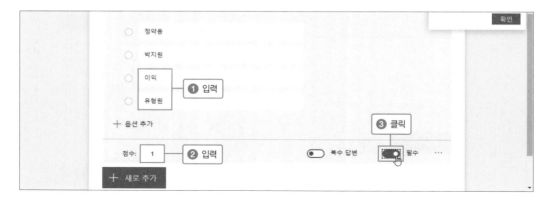

07 | 답변에 대한 설명을 적용하기 위해서 해당 보기 옵션의 오른쪽에서 (이 답변을 선택한 응답자에게 메시지 표시) 버튼을 클릭합니다. 4개의 항목 모두 각각의 보기에 설명을 입력합니다.

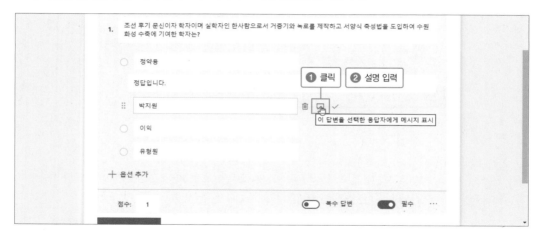

08 | 평가가 자동으로 되어 성적을 적용하려면 정답을 표시해야 합니다. 예제에서 퀴즈의 정답은 첫 번째 보기이므로 보기 옵션의 오른쪽에 (정답) 버튼을 클릭합니다.

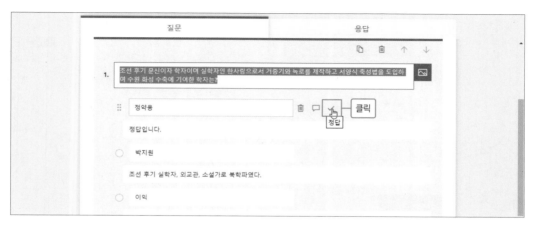

09 | 정답으로 지정된 옵션에 체크와 함께 정답 표시가 적용됩니다.

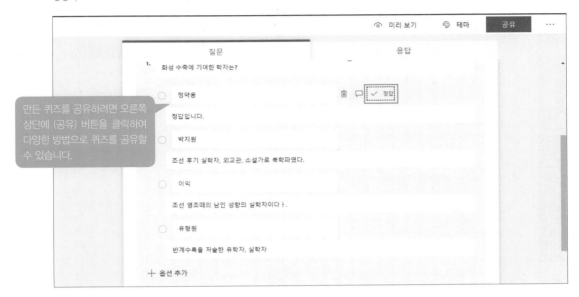

만든 퀴즈를 공유하려면 오른쪽 상단에 (공유) 버튼을 클릭하여 다양한 방법으로 퀴즈를 공유할 수 있습니다.

10 | 퀴즈가 만들어졌다면 퀴즈를 과제로 적용하기 위해서 (과제) 메뉴에서 (만들기) 버튼을 클릭하고 팝업 메뉴에서 (퀴즈)를 선택합니다.

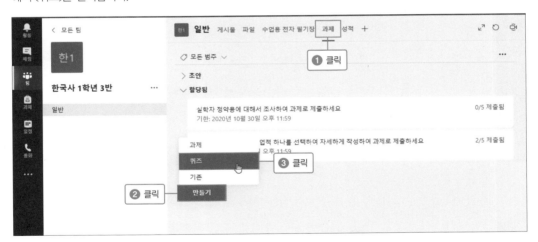

11 | 양식 대화상자가 표시되면 퀴즈 선택에 만든 퀴즈가 적용되어 있습니다. 적용할 퀴즈를 클릭합니다. 퀴즈를 과제에 적용하기 위해서 (다음) 버튼을 클릭합니다.

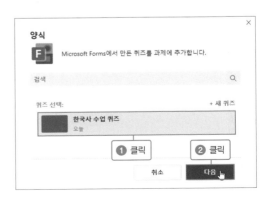

12 │ 새 과제에서 과제에 대한 제목과 지침, 할당 대상, 기한 등을 모두 설정하고 오른쪽 상단에 [할당] 버튼을 클릭합니다. 퀴즈로 적용할 폼은 지침 하단에 자동으로 적용되어 있습니다.

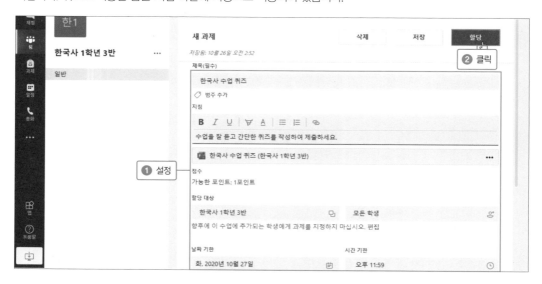

13 │ 퀴즈 과제가 할당됨 항목에 적용된 것을 확인할 수 있습니다.

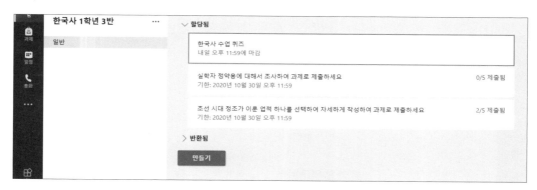

14 │ 퀴즈 과제를 답변하기 위해서 [게시물] 메뉴에서 한국사 수업 퀴즈의 [과제 보기] 버튼을 클릭합니다.

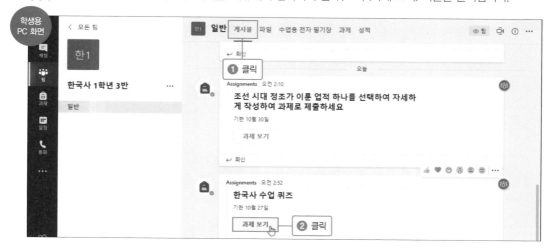

15 | 퀴즈 과제에 답변하기 위해서 내 작업에 적용되어 있는 퀴즈를 클릭합니다.

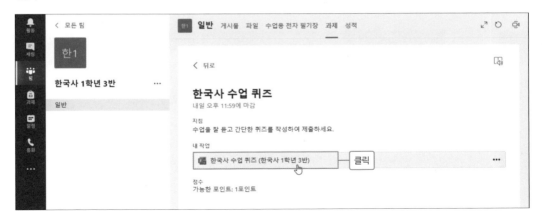

16 | 답변을 선택하고 [제출] 버튼을 클릭합니다.

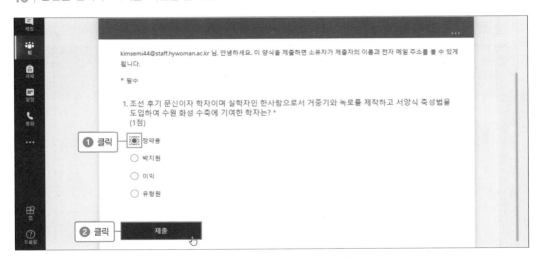

17 | 응답이 제출되었으며 자동으로 채점이 되도록 설정되어 있으므로 결과를 확인하기 위해서 [결과 보기] 버튼을 클릭합니다.

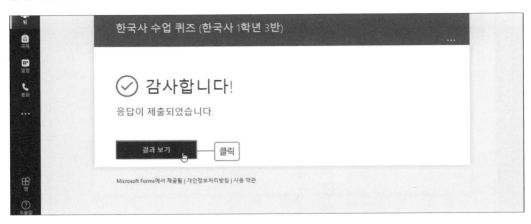

18 | 정답을 선택하였기 때문에 '정답입니다.'라는 메시지가 표시되어 있습니다. 만약 오답을 선택하였다면 미리 입력한 설명이 표시됩니다.

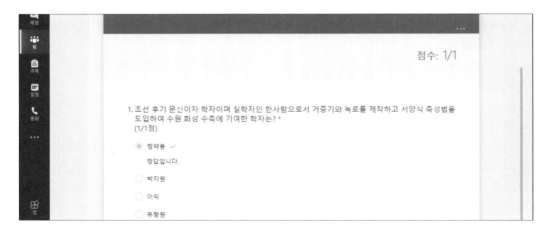

19 | 퀴즈는 자동으로 성적이 평가되는 기능이 있으므로 교사는 [과제] 메뉴에서 평가할 퀴즈 과제를 클릭합니다.

20 | 과제 항목을 보면 과제가 제출되고 평가 점수도 자동으로 적용된 것을 확인할 수 있습니다.

Section 05

성적 메뉴를 활용한 **성적 평가하기**

MS 팀즈 상단 메뉴에서 성적 메뉴는 수업 팀즈에서 기본적으로 활성화되며, 성적 메뉴를 활용하면 학생별로 과제 제출 및 평가 여부를 확인할 수 있습니다. 성적 메뉴에서 학생들의 성적을 입력하고 반환도 가능합니다.

01 | 학생들의 성적을 일괄적으로 확인하고 평가하기 위해서 상단 메뉴에서 (성적) 메뉴를 클릭합니다.

02 | 제출한 과제를 확인하기 위해서 제출된 과제의 오른쪽에 (더보기) 버튼을 클릭하고 팝업 메뉴에서 (열린 학생 작업)을 선택합니다.

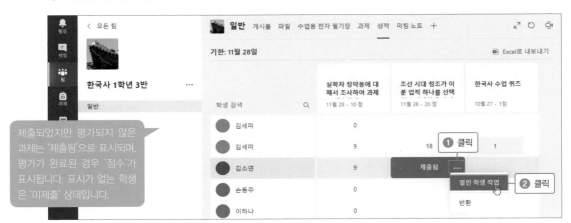

제출되었지만 평가되지 않은 과제는 '제출됨'으로 표시되며, 평가가 완료된 경우 '점수'가 표시됩니다. 표시가 없는 학생은 '미제출' 상태입니다.

03 | 제출한 학생의 과제를 확인할 수 있고 오른쪽에 평가 관련된 내용을 입력할 수 있습니다. 피드백을 입력하고 평가표를 이용하여 평가를 하기 위해 루브릭의 (팝업) 버튼을 클릭합니다.

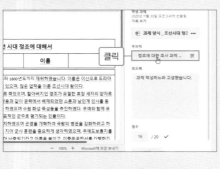

알아두기

❶ 루브릭의 (팝업) 버튼이 아닌 이름을 클릭하면 새로운 대화상자로 평가표가 표시되지 않고, 오른쪽 패널에 평가표가 표시됩니다.

❷ 평가표 항목이 오른쪽 패널에 표시되며 항목별 이동은 상단에 좌우측 버튼을 이용합니다. 평가표 항목을 클릭하면 채점됩니다.

❸ 평가가 완료하여 (완료) 버튼을 클릭하면 점수가 입력됩니다.

04 | 평가표 항목을 클릭하여 점수 평가를 완료하고 오른쪽 하단에 (완료) 버튼을 클릭하여 평가를 완료합니다.

05 | 성적 평가가 완료되어 루브릭 평가표의 점수가 적용되면 (반환) 버튼을 클릭하여 학생에게 점수를 반환합니다.

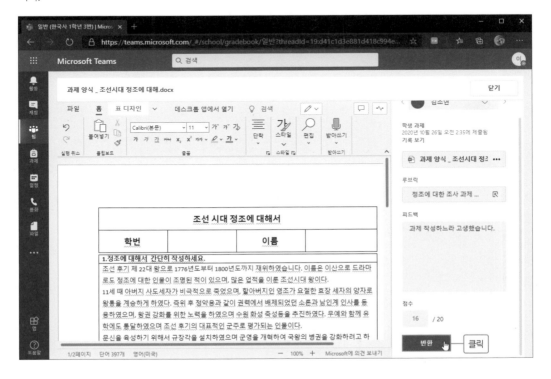

06 | 성적 페이지로 이동하기 위해서 오른쪽 상단에 (닫기) 버튼을 클릭합니다.

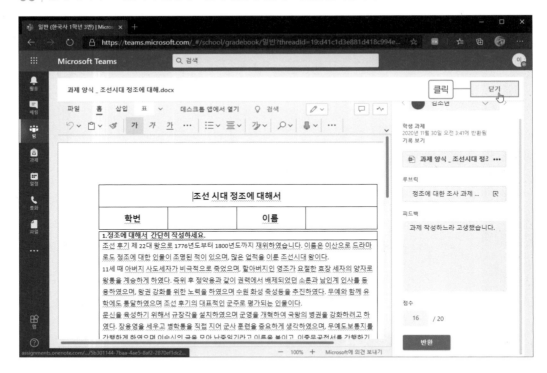

07 | 성적 페이지에서 각각의 학생 성적을 반환할 수 있으며 점수를 입력하고 (더보기) 버튼을 클릭합니다. 팝업 메뉴에서 (반환)을 선택하면 학생 성적이 반환됩니다.

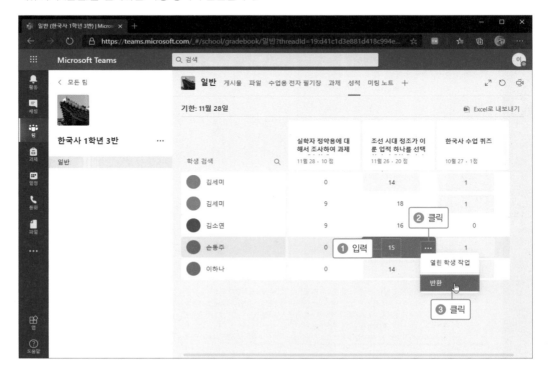

08 | 성적을 입력하고 정리된 성적 내용을 엑셀 문서로 다운로드하여 확인하기 위해서 (Excel로 내보내기)를 클릭합니다.

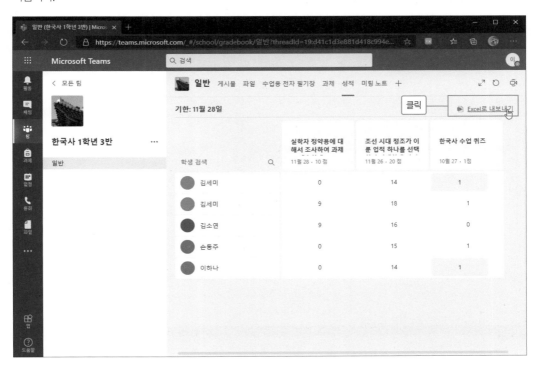

09 | 문서가 다운로드되면 브라우저 왼쪽 하단에 표시되며, 다운로드된 파일을 클릭하면 엑셀 프로그램이 실행되면서 열립니다.

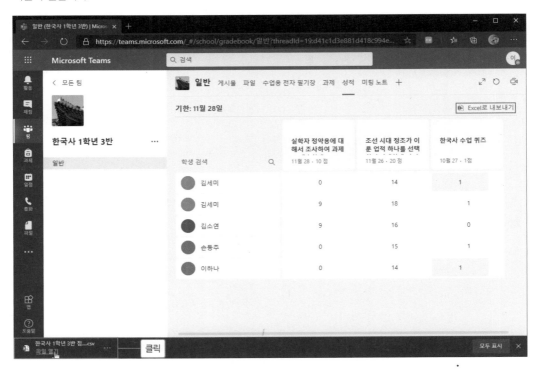

10 | 학생별 성적 평가 및 피드백 내용까지 엑셀 문서로 확인할 수 있습니다.

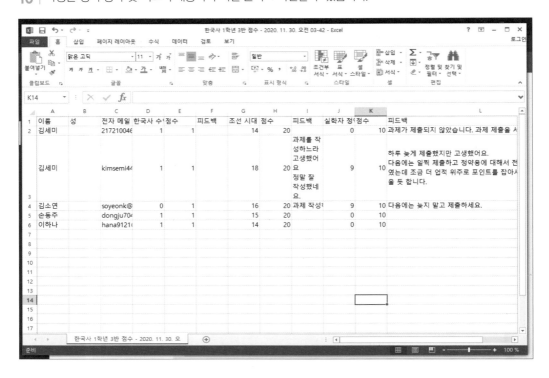

알아두기　성적 페이지에서 과제의 제목을 클릭하면, 과제 페이지로 이동하여 해당 과제에 대한 상세 내용을 확인할 수 있습니다.

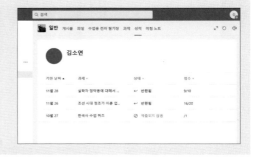

알아두기　학생의 성적 페이지에서는 자신이 제출한 과제의 모든 내용을 확인할 수 있고 제출한 과제와 성적 평가가 완료되어 반환된 과제 등을 확인할 수 있습니다.

Section 06

과제 메뉴를 이용하여 **과제 일정 변경하기**

과제 메뉴에서 출제된 과제의 일정을 변경하여 적용하는 방법을 확인해 보겠습니다. 과제 일정 변경은 미제출된 과제를 추가로 받기 위해서 사용할 수 있으며 쉽게 변경이 가능합니다.

01 | 상단 메뉴에서 [과제] 메뉴를 클릭하여 과제 페이지로 이동합니다. 할당된 과제 중에서 과제 제출 일정을 변경할 과제를 클릭합니다.

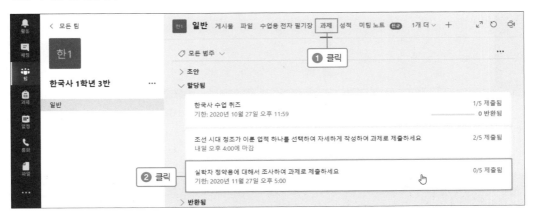

02 | 과제 페이지로 이동되며 아직 과제를 제출하지 않은 학생이 있습니다. 일정을 변경하기 위해서 오른쪽 상단에 [더보기([…])] 버튼을 클릭합니다.

03 | 팝업 메뉴에서 과제의 일정을 수정하기 위해서 [과제 편집]을 선택합니다.

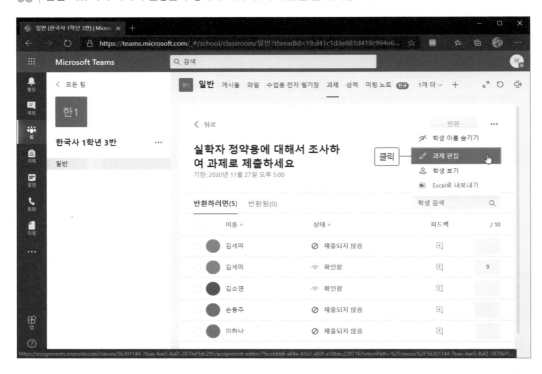

04 | 날짜를 변경하기 위해서 날짜 기한에서 날짜를, 시간 기한에서 시간을 변경하고 [업데이트] 버튼을 클릭합니다.

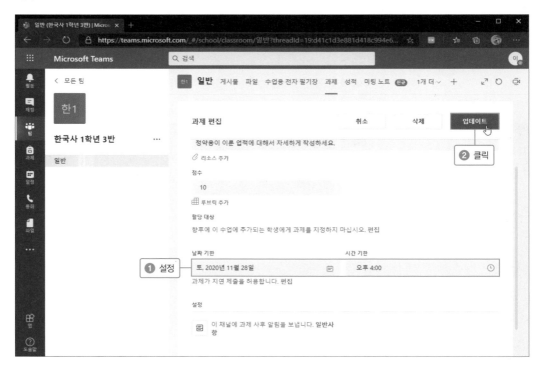

05 │ 과제명 아래에 설정한 날짜로 변경된 것을 확인할 수 있습니다. 팀즈에서 알림 메시지로 변경된 과제에 대해서 멘션 기능으로 알려 줍니다.

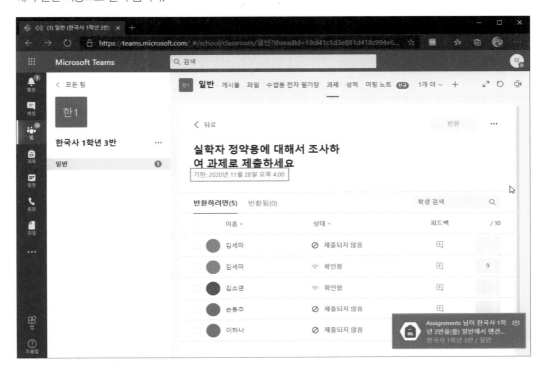

06 │ 상단 메뉴에서 (게시물) 메뉴를 클릭하여 게시물 페이지로 이동하면 댓글 형태로 과제 기한이 변경되었다는 것을 보여 주며, 오른쪽에 멘션된 것을 확인할 수 있습니다.

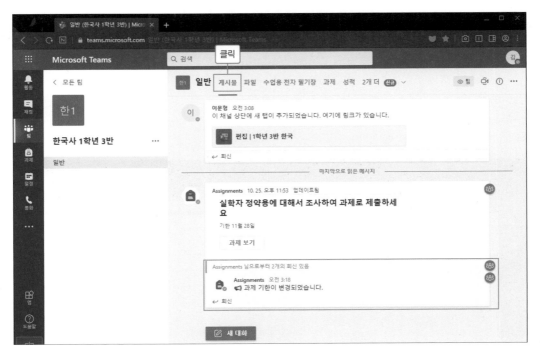

Section 07

과제 확인하고 **할당된 과제 제출하기**

학생들은 과제를 확인하고 누락되지 않도록 과제를 제출합니다. 수시로 과제를 파악하고 평가 내용이나 피드백 등을 확인하기 위해서 과제 메뉴를 활용하면 현재 듣고 있는 수업의 모든 과제를 파악할 수 있습니다.

01 | 제출해야 할 과제를 확인하기 위해서 왼쪽 메뉴에서 [과제] 메뉴를 선택합니다.

02 | 현재 제출하지 않은 과제는 '할당됨'에 표시되며, '완료됨'에는 제출한 과제가 표시됩니다. 할당됨 항목에서 제출할 과제를 클릭합니다. 현재 과제는 미제출 과제로 제출 기한이 지난 상태이며, 제출 기한이 지난 경우 기한이 빨간색으로 표시됩니다.

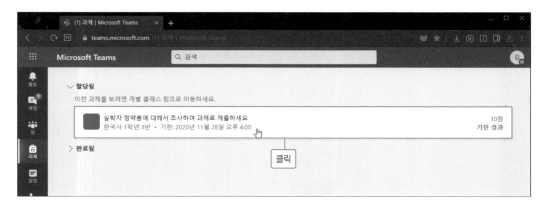

03 │ 과제에 관한 상세 페이지로 이동되며 현재는 미제출 상태로 제출 기한이 지나서 오른쪽 상단에 〔지연 제출〕 버튼이 있습니다. 문서로 만들어서 과제를 제출하기 위해서 왼쪽 하단에 〔작업 추가〕를 클릭합니다.

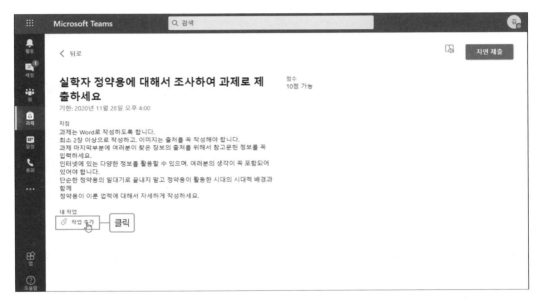

04 │ 새로운 문서 파일을 만들어 과제로 제출하기 위해서 왼쪽에서 〔새 파일〕 버튼을 클릭한 다음 파일 형식 선택에서 〔Word 문서〕를 선택합니다.

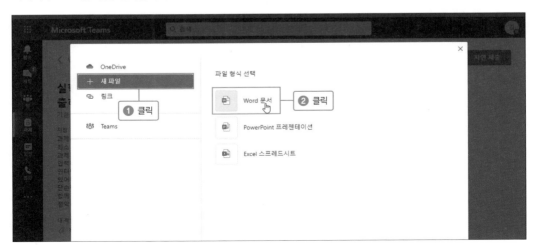

05 | 파일 이름을 필수로 입력하고 (첨부) 버튼을 클릭합니다.

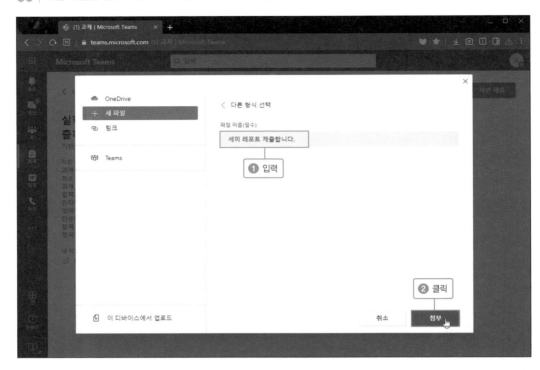

06 | 과제 내용 하단 내 작업에 입력한 이름으로 과제가 추가되었습니다. 문서를 열어서 과제를 작성하기 위해서 추가한 과제를 클릭합니다.

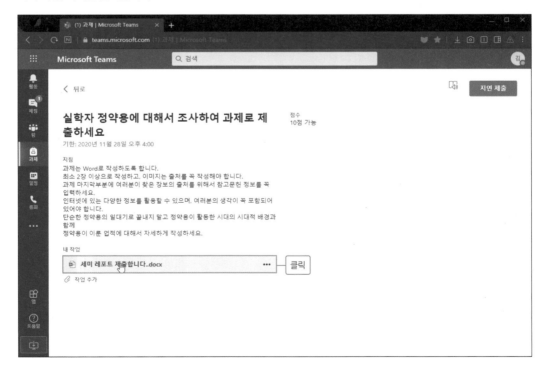

07 | 워드 프로그램이 실행되면 과제를 작성합니다. 과제 작성이 완료되면 오른쪽 상단의 (닫기) 버튼을 클릭합니다.

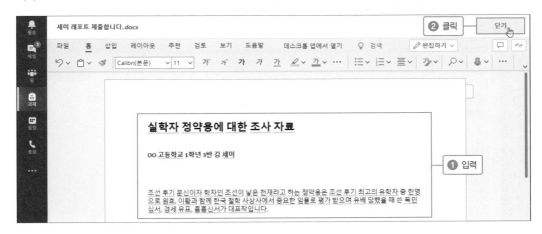

08 | 과제를 제출하기 위해서 오른쪽 상단의 (지연 제출) 버튼을 클릭합니다.

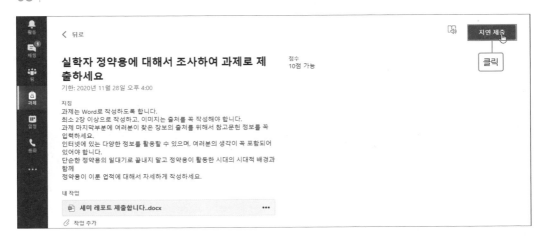

09 | 과제 제출이 완료되면 제출한 시간과 재미있는 애니메이션이 표시되며, 제출한 과제를 취소하려면 (제출 실행 취소) 버튼을 클릭합니다.

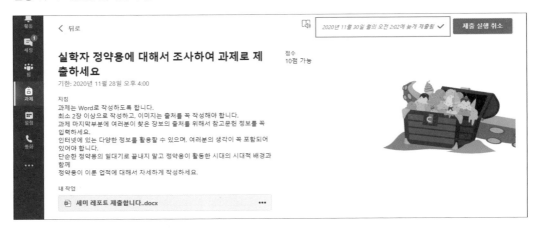

10 | 왼쪽 상단의 (뒤로)를 클릭하여 과제 페이지로 이동합니다.

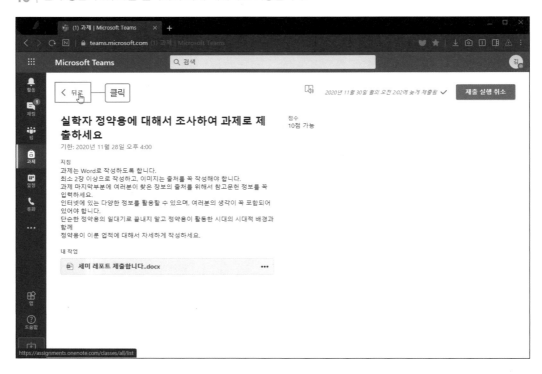

11 | 과제 제출이 완료되어 더 이상 제출할 과제가 없다면 '제출할 항목이 없습니다.'라는 메시지가 표시됩니다.

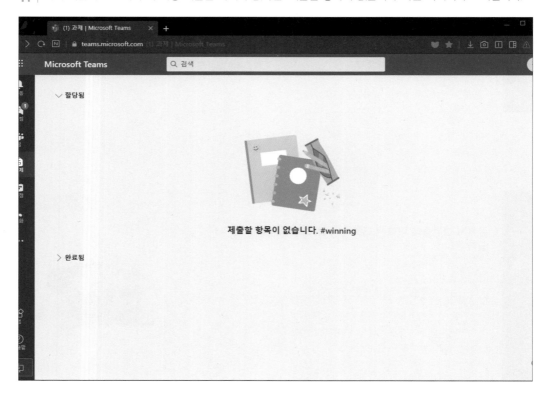

Section 08

제출된 **과제 확인하고 반환하기**

교사의 MS 팀즈 왼쪽 메뉴에서 과제 메뉴를 선택하면 할당되거나 평가한 과제, 초안이 표시됩니다. 초안은 아직 학생들에게 공지되지 않은 과제이며 현재 학생들에게 출제된 과제는 '할당됨'에 표시됩니다. 할당된 과제는 평가할 수 있으며, 반환된 경우 평가가 끝난 과제입니다.

01 | 왼쪽 메뉴에서 (과제) 메뉴를 선택하고 할당됨 항목 중에서 평가할 과제를 클릭합니다.

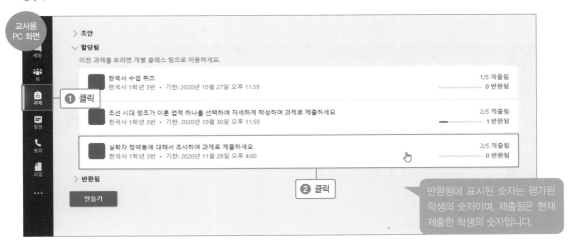

02 | 학생들의 이름과 함께 과제 제출 상태가 표시되며, 성적이 반환된 경우는 반환됨에 학생들이 표시됩니다. 평가를 위해서 제출한 학생의 상태를 클릭합니다.

03 | 과제의 내용을 확인하고 과제에 대한 평가 내용을 피드백과 점수에 입력합니다.

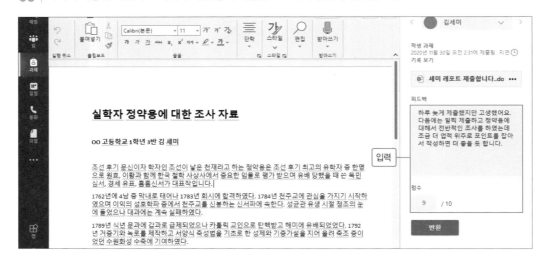

04 | 학생에게 메모를 남기기 위해서 [메모] 버튼을 클릭합니다.

05 | 메모가 표시되면 메모를 만들기 위해서 [새로 만들기] 버튼을 클릭합니다.

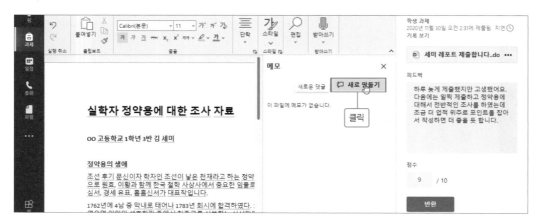

과제를 작성하거나 평가할 때 과제를 편집하기, 검토하기, 보기 모드를 선택할 수 있으며 모드에 따라서 문서의 표시 방법이 달라집니다.

❶ 워드 문서 상단에서 [모드 메뉴] 버튼을 클릭하고 팝업 메뉴에서 [보기]를 선택합니다.

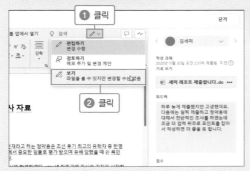

❷ 문서는 현재 수정 편집이 불가능한 상태로 변경되어 상단에 편집 메뉴가 모두 사라졌습니다.

❸ 다시 편집 모드로 변경하려면 [문서 편집]을 클릭하고 팝업 메뉴에서 [편집]을 선택합니다.

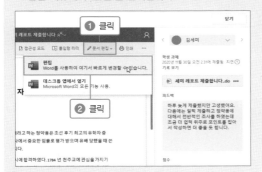

❹ 다시 편집이 가능한 상태로 되어 워드 편집 메뉴가 표시됩니다.

❺ [검토하기]를 선택한 경우 문서의 일부를 수정 제안할 수 있으며, 문서에 내용을 입력하면 빨간색으로 표시됩니다. 변경된 문단 좌측에는 변경된 영역이 실선으로 표시되며, 문자를 블록으로 지정한 다음 문자를 입력하면 취소선이 표시되고 추가적으로 문자가 입력됩니다. 문서에 동시에 접속하는 경우 현재 마우스 커서가 위치한 곳이 표시됩니다.

❻ 학생 화면에는 교사가 수정한 내용이 표시되고 처리할 활동에 교사가 변경했다는 메시지가 표시됩니다.

06 | 새로운 메모를 입력할 창이 표시되며, 문자 입력란에 필요한 메시지를 입력하고 (메모 게시) 버튼을 클릭합니다.

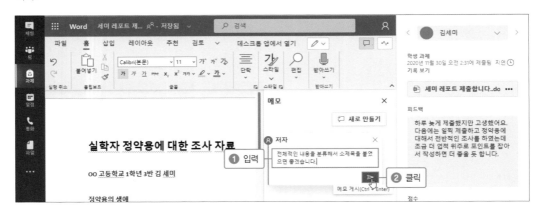

07 | 필요한 부분을 수정하고 메모 및 평가가 완료되었다면 (반환) 버튼을 클릭하여 성적을 학생에게 반환합니다.

08 | 학생에게는 과제에 대한 평가가 완료되어 반환되었다는 메시지가 알림으로 표시됩니다.

09 │ 현재 보던 문서를 닫고 과제 페이지로 이동하기 위해서 오른쪽 상단에 〔닫기〕 버튼을 클릭합니다.

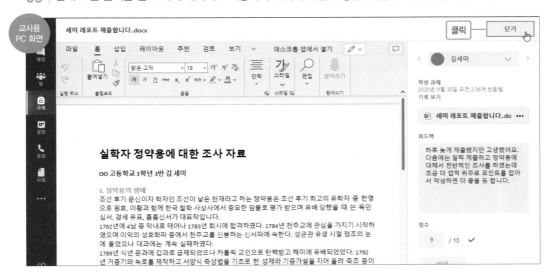

10 │ 과제 페이지로 이동되며 평가한 학생은 '반환됨'으로 이동되었습니다.

알아두기

제출되지 않은 학생의 과제 상태 〔제출되지 않음〕을 클릭하면 과제 평가 페이지로 이동되지만 '첨부된 과제 없음'이 표시되며 과제가 제출되지 않은 것을 확인할 수 있습니다.

필요에 따라서 피드백 내용을 입력할 수 있으며, 피드백은 과제 페이지에서도 입력이 가능합니다.

11 | 과제에 대한 피드백을 입력하기 위해서 (피드백 전환) 버튼을 클릭합니다.

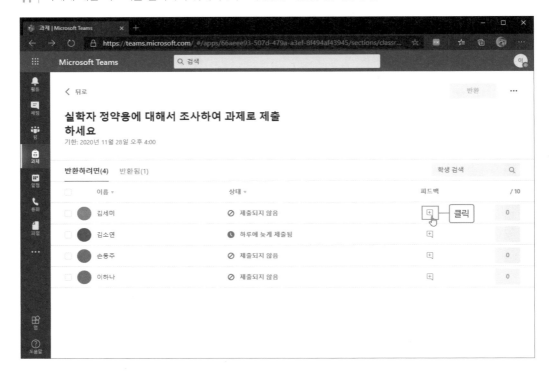

12 | 학생에게 전달할 피드백을 입력하고 다른 학생들의 점수도 입력한 다음 반환하기 위해서 모든 학생을 체크
표시합니다.

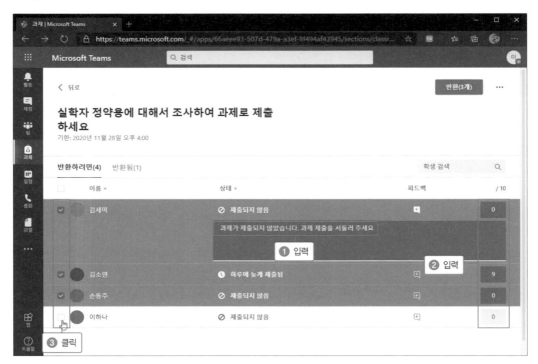

13 | 성적에 대한 점수와 피드백을 반환하기 위해서 오른쪽 상단에 (반환) 버튼을 클릭합니다.

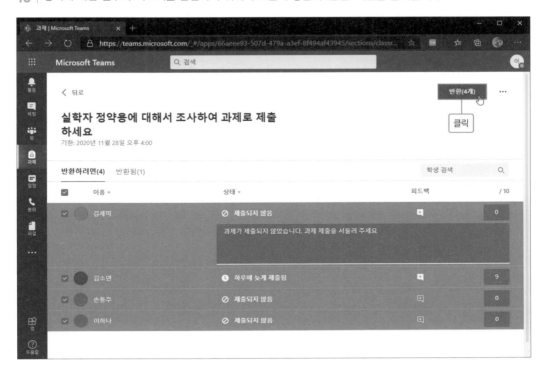

14 | 반환이 완료되면 '반환하려면'에 0명으로 표시되고 '반환됨'에 학생 전원의 인원이 표시되어 있습니다.

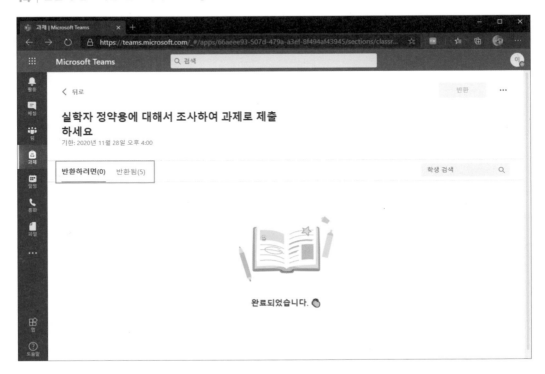

Section 09

채팅 메뉴에서 **반환된 과제 다시 제출하기**

채팅 메뉴 또는 과제 메뉴에서 제출한 과제를 확인할 수 있고, 필요한 경우 다시 제출할 수 있습니다. 다시 제출한 과제를 평가하고 반환하는 과정을 확인해 보겠습니다.

01 | 채팅 메시지 중 과제 평가가 완료되어 할당 반환된 과제를 확인하기 위해서 〔과제 보기〕 버튼을 클릭합니다.

02 | 과제에 관한 상세 페이지로 이동되며 현재 제출했던 과제이므로 〔제출〕 버튼은 〔다시 제출〕 버튼으로 표시되어 있습니다. 과제를 확인하기 위해서 내 작업의 첨부 파일을 클릭합니다.

03 | 첨부된 문서가 워드 문서이므로 워드 프로그램에서 해당 파일을 확인할 수 있으며, 교사가 작성한 메모도 문서 오른쪽에서 말풍선 아이콘 및 메모 내용으로 확인이 가능합니다.

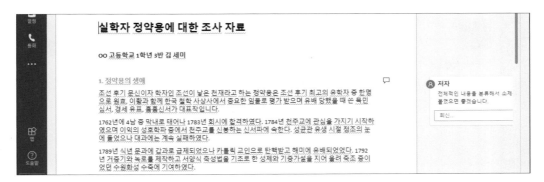

04 | 필요한 부분을 수정하고 메모 내용에 답글로 내용 수정을 완료했다고 메시지를 입력한 다음 [회신 게시] 버튼을 클릭합니다.

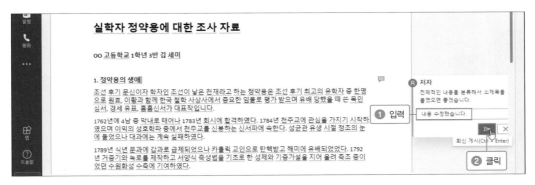

05 | 교사가 작성한 메모에 답글이 전송된 것을 확인하고 오른쪽 상단에서 [닫기] 버튼을 클릭하여 워드 문서를 종료합니다.

06 │ 수정한 과제를 다시 제출하기 위해서 오른쪽 상단에 (다시 제출) 버튼을 클릭합니다.

07 │ 제출 시간이 기록되며 (다시 제출) 버튼은 (제출 실행 취소) 버튼으로 변경됩니다.

08 │ 교사의 팀즈 과제 페이지에서 과제를 다시 제출한 학생의 과제가 '반환하려면' 항목에 표시되어 있는 것을 확인할 수 있습니다. 상태의 (하루에 늦게 제출됨)을 클릭하면 과제 평가 페이지로 이동됩니다.

09 │ 메모 및 과제에 대한 내용과 피드백을 확인할 수 있습니다. 성적 평가, 피드백을 변경하고 하단에 (반환) 버튼을 클릭합니다.

10 │ 성적이 반환되었다면 워드 프로그램을 닫고 성적 평가를 위한 과제 페이지로 이동하기 위해서 오른쪽 상단의 (닫기) 버튼을 클릭합니다.

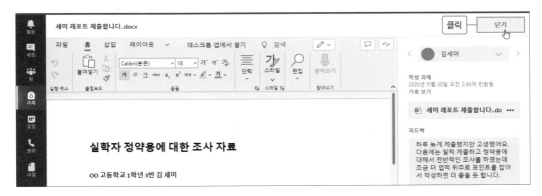

11 │ 과제 페이지로 이동하면 모두 평가가 완료되어 반환하였기 때문에 '반환하려면' 항목에 있던 학생 과제가 '반환됨'으로 이동되었습니다.

오피스 365
활용하기

오피스 365는 기본 프로그램인 엑셀이나 파워포인트, 워드뿐만 아니라 원격 수업이나 업무를 위한 다양한 앱을 제공하고 있습니다. 학습 커뮤니티와 학생과 선생님, 동료들과 과제를 제작하고 소통할 수 있도록 환경을 제공합니다. 자료 공유와 저장을 위한 원드라이브부터 전자 필기장 원노트, 아웃룩, 스카이프 등을 이용해 쉽게 정보를 교환하고 공동 작업하는 방법을 알아봅니다.

Part 7

Section 01

오피스 365 무료 버전으로 가입하기

오피스 365의 무료 버전을 사용하기 위해 마이크로소프트 오피스 홈 사이트에서 사용자 계정을 만드는 방법에 대해 알아보겠습니다.

01 │ 무료 오피스 버전을 설치하기 위해 마이크로소프트 오피스 홈(www.office.com)에 접속한 다음 (무료 Office 버전에 등록)을 클릭합니다.

02 │ 로그인 화면이 표시됩니다. 계정이 없다면 새로 만들기 위해 (계정을 만드세요!)를 클릭합니다.

03 | 계정 만들기 화면이 표시되면 사용할 계정을 입력한 다음 (다음) 버튼을 클릭합니다.

입력한 계정 이름이 등록되어 있다고 표시되면, 다시 계정 이름을 변경하여 입력합니다. 등록한 계정은 아웃룩 메일로 사용이 가능합니다.

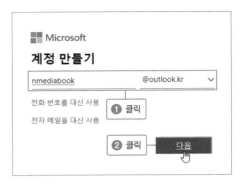

04 | 암호 만들기 화면이 표시되면 계정에 사용할 암호를 입력한 다음 (동의하고 계정 만들기) 버튼을 클릭합니다.

05 | 계정 설정을 위해 국가/지역을 선택한 다음 생년월일을 지정하고 (다음) 버튼을 클릭합니다.

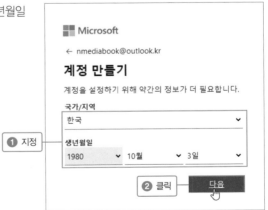

06 | 방향 버튼을 조정하여 이미지를 똑바로 세운 다음 〔완료〕 버튼을 클릭합니다.

07 | 로그인 상태를 유지할 것인지 묻는 대화상자가 표시되면 원하는 버튼을 클릭합니다. 예제에서는 다시 로그인할 필요가 없도록 〔예〕 버튼을 클릭합니다.

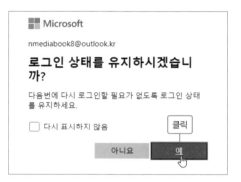

08 | 1TB 클라우드 저장이 가능한 프리미엄 오피스 365로 전환할지 묻는 대화상자가 표시되면 〔→〕 버튼을 클릭합니다.

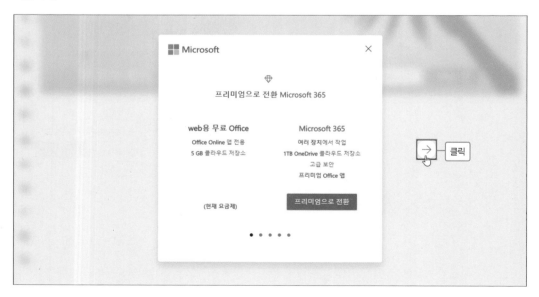

09 웹용 오피스 365 프로그램이 설정이 완료되면 오피스 365를 시작하기 위해 (→) 버튼을 클릭합니다.

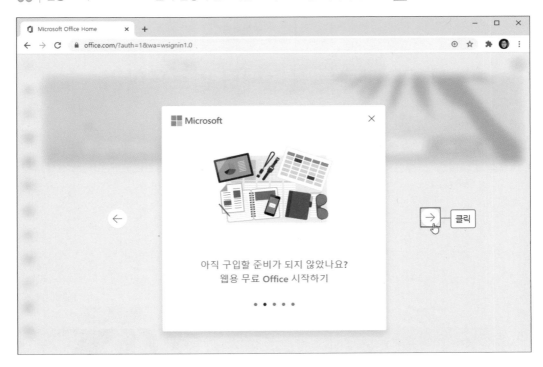

10 오피스 365 홈 화면이 표시됩니다. 여기서 원하는 작업 앱을 실행하여 오피스 작업이 가능합니다.

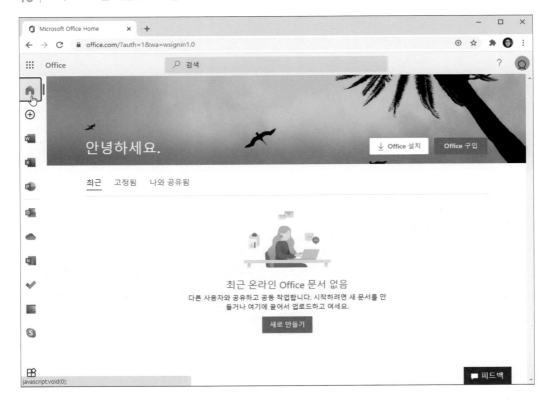

Section 02

내 PC 자료를 **폴더째로 업로드하기**

자료를 분류별로 업로드하기 위해 원드라이브에 새 폴더를 만든 다음 내 컴퓨터의 폴더와 폴더 안의 파일들을 한번에 업로드하는 방법을 알아봅니다. 폴더째 업로드하면 자료가 누락되는 것을 방지할 수 있습니다.

01 | 오피스 홈 화면에서 원드라이브를 실행하기 위해 (OneDrive(☁)) 버튼을 클릭합니다.

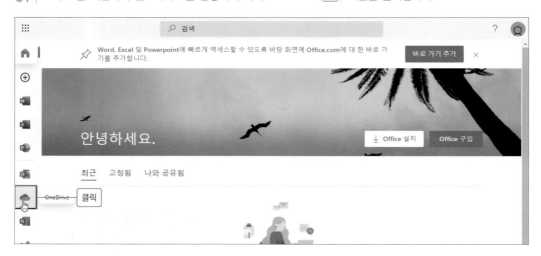

02 | 원드라이브가 실행됩니다. 새 폴더를 만들기 위해 (새로 만들기)를 클릭한 다음 (폴더)를 선택합니다.

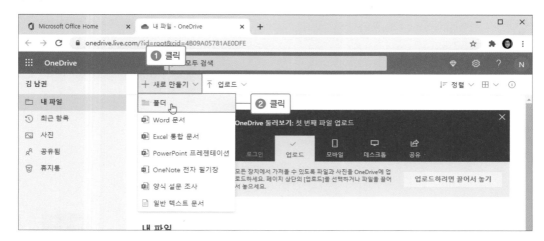

03 │ 폴더 대화상자가 표시되면 폴더 이름을 입력한 다음 〔만들기〕 버튼을 클릭합니다.

04 │ 새 폴더가 만들어집니다. 새 폴더를 클릭하여 폴더 안으로 이동합니다.

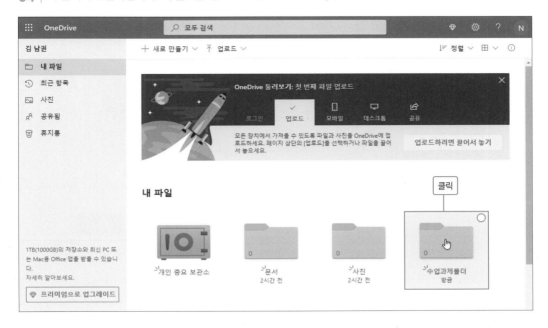

05 │ 폴더 안에 파일이나 폴더 전체를 업로드할 수 있습니다. 예제에서는 파일이 저장되어 있는 폴더를 업로드하기 위해 〔업로드〕-〔폴더〕를 선택합니다.

06 │ 업로드할 폴더 선택 대화상자가 표시되면 내 컴퓨터에서 업로드하려는 폴더를 선택하고 [업로드] 버튼을 클릭합니다.

07 │ 폴더 안의 파일을 이 사이트에 업로드할 것인지 묻는 대화상자가 표시되면 [업로드] 버튼을 클릭합니다.

08 │ 컴퓨터에서 선택한 폴더가 업로드되며, 폴더 안의 파일까지 업로드된 것을 확인할 수 있습니다.

Section 03

업로드된 자료를 **압축 백업본으로 다운로드하기**

원드라이브 폴더에 저장된 자료 파일들은 한번에 압축하여 내 컴퓨터로 다운로드할 수 있습니다.
많은 파일이 저장되어 있을 경우 ZIP 파일로 압축되기 때문에 백업 파일로 저장하기 좋습니다.

01 | 폴더 안의 파일들을 다운로드하기 위해 (다운로드)를 클릭합니다.

02 | 화면 하단에 파일들이 ZIP 파일로 자동 압축되어 다운로드됩니다. 압축 파일을 열면 파일들을 확인할 수
있습니다.

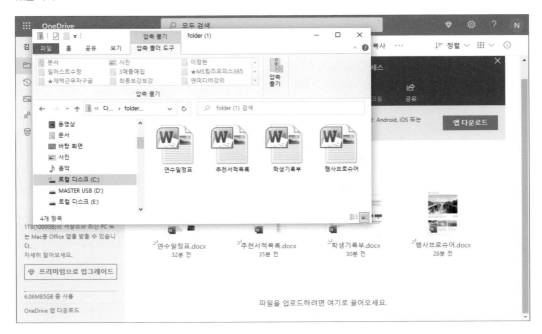

Section 04

개인 중요 보관소 사용하기

개인 중요 보관소에 파일을 저장하면 보안이 강화된 2단계 인증을 거쳐 로그인할 수 있으며, 20분이 지나면 자동으로 잠겨 자리를 비우는 동안에도 중요 파일을 보호할 수 있습니다.

01 │ 원드라이브를 실행하면 개인 중요 보관소가 표시됩니다. 중요한 파일을 저장하기 위해 (개인 중요 보관소)를 클릭합니다.

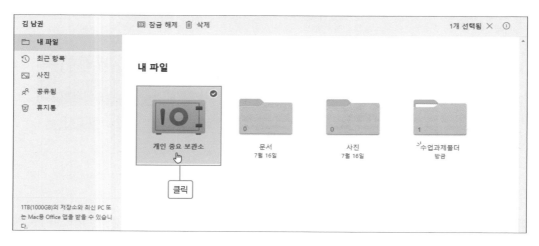

02 │ 개인 중요 보관소는 2단계 인증 보호와 20분이 지나면 자동으로 잠김, 모든 원드라이브에서 사용 가능 확인이 표시되며, (다음) 버튼을 클릭합니다.

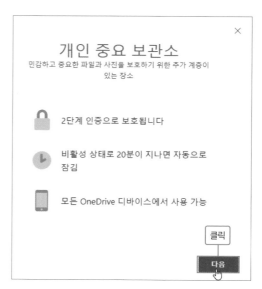

03 | ID 확인 대화상자가 표시되면 (확인) 버튼을 클릭하여 ID 확인 단계를 진행합니다.

04 | 계정 설정 시 등록한 핸드폰 번호로 문자 인증을 받기 위해 (*****번으로 문자 메시지를 받기)를 클릭합니다.

05 | 전화 번호 확인 대화상자가 표시됩니다. 마지막 4자리 핸드폰 번호를 입력한 다음 (코드 전송) 버튼을 클릭합니다.

06 | 핸드폰으로 전송된 보안
코드를 확인한 다음 코드 입력
창에 입력하고 (확인) 버튼을 클
릭합니다.

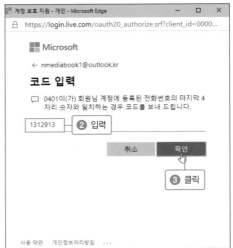

07 | 암호 없이 중단 대화상자가 표시되면 스마트폰 앱을
암호 없이 로그인하기 위해 (아니요)를 클릭합니다.

알아두기

별도의 스마트폰 앱으로
로그인하려면 (지금 받기)
버튼을 클릭합니다. 스마
트폰에 Authenticator 앱이
설치되며, 해당 앱에서 일
회용 암호 코드를 이용하
여 로그인이 가능합니다.

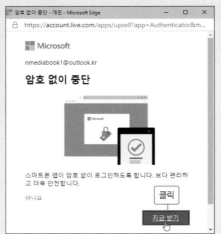

08 | 원드라이브에 저장된 파일을 개인 중요 보관소로 이동하기 위해 (다음으로 이동)을 클릭합니다.

09 | 원드라이브에서 개인 중요 보관소로 이동시킬 파일을 선택한 다음 (항목 이동)을 클릭합니다.

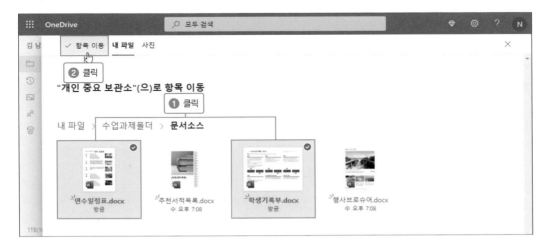

10 | 선택한 파일이 개인 중요 보관소로 이동되어 저장된 것을 확인할 수 있습니다.

Section 05

개인 일정과 별도로 **새 일정 그룹 만들기**

개인적인 일정과는 별도로 새 일정 그룹을 만들어 해당 그룹에 포함된 참가자에게 일정을 공유할 수 있습니다. 새 일정 그룹을 만들고 원하는 일정 그룹을 선택하는 방법에 대해 알아보겠습니다.

01 | 일정 그룹을 만들기 위해 내 일정의 (더 많은 옵션) 버튼을 클릭하여 (새 일정 그룹)을 클릭합니다.

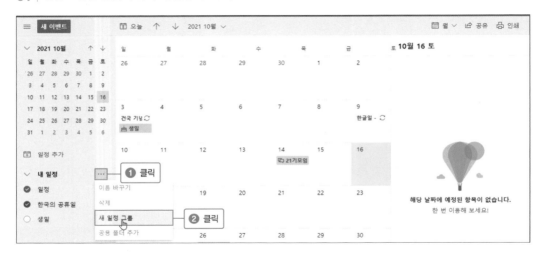

02 | 새 일정 그룹 입력 창이 표시되면 그룹 이름을 입력합니다. 새로 만들어진 그룹에 일정을 추가하기 위해 (일정 추가)를 클릭합니다.

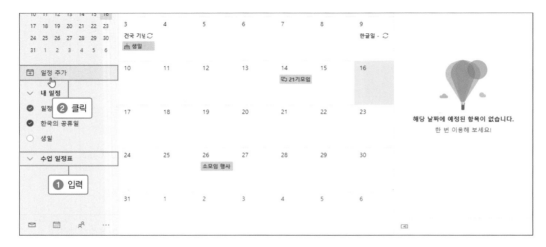

03 | 일정 추가 대화상자가 표시되면 (빈 일정 만들기)를 클릭합니다.

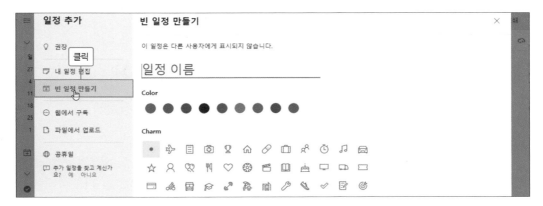

04 | 일정 이름 입력 창에 일정 이름을 입력한 다음 색상을 선택하고 (수업 일정표)로 지정한 다음 (저장) 버튼을 클릭합니다.

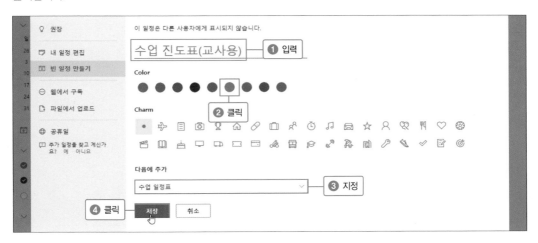

05 | 그림과 같이 일정 그룹과 그룹에 소속된 일정이 추가되었습니다. 개인 일정을 안 보이도록 하기 위해 내 일정에서 (일정)을 클릭하여 해제합니다. 이제 새로 만든 수업 진도표(교사용)가 선택된 상태에서 일정을 지정할 수 있습니다.

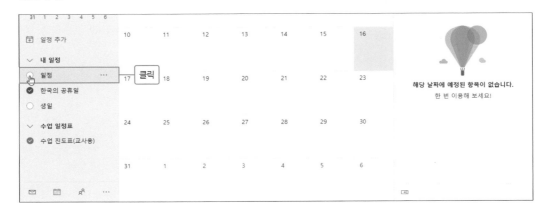

Section 06

일정 날짜와 시간, 장소 지정하기

마이크로소프트 일정을 이용하면 일정이나 미팅 시간과 장소 등을 설정할 수 있으며, 빠르게 이벤트를 확인하고 일정을 공유할 수 있습니다. 기본적인 일정 사용법을 알아보겠습니다.

01 | 오피스 홈 화면에서 일정을 설정하기 위해 마이크로소프트 엣지 웹브라우저에서 (앱 시작 관리자) 버튼을 클릭한 다음 (일정)을 선택합니다.

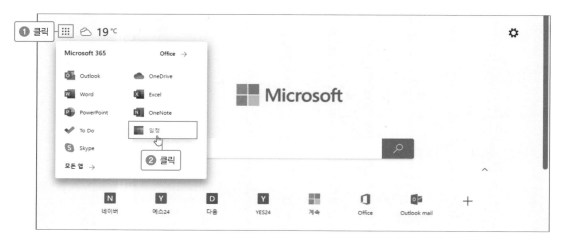

02 | 일정이 실행되면 (이전 달(↑))이나 (다음 달(↓)) 버튼을 클릭하여 달을 선택한 다음 해당 날을 클릭합니다.

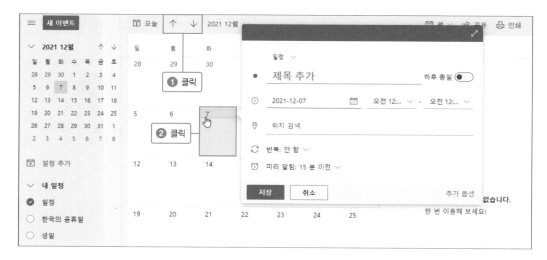

03 │ 일정 대화상자가 표시되면 일정 제목을 입력한 다음 시간의 (팝업) 버튼을 클릭하여 일정 시간을 지정합니다.

04 │ 일정 장소를 설정하려면 위치 검색 항목을 클릭하여 사용자의 위치 파악을 허용할 것인지 묻는 대화상자가
표시되면 (허용) 버튼을 클릭합니다.

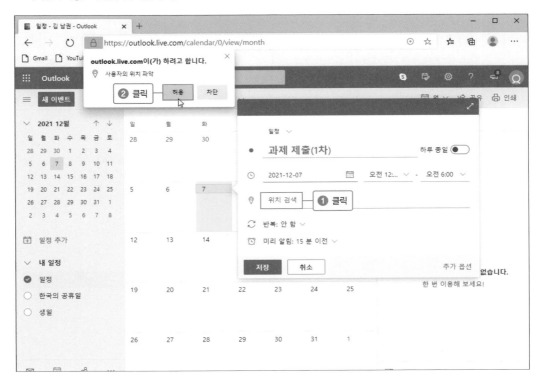

05 │ 입력 창에 장소를 입력하면 위치 주소를 자동으로 검색합니다. 제안된 주소가 표시되면 주소를 선택한 다음 (저장) 버튼을 클릭합니다.

06 │ 일정표에 설정한 일정이 표시됩니다. 위와 같은 방법으로 일정을 설정하고, 설정한 일정을 클릭하면 일정 요약표가 표시됩니다.

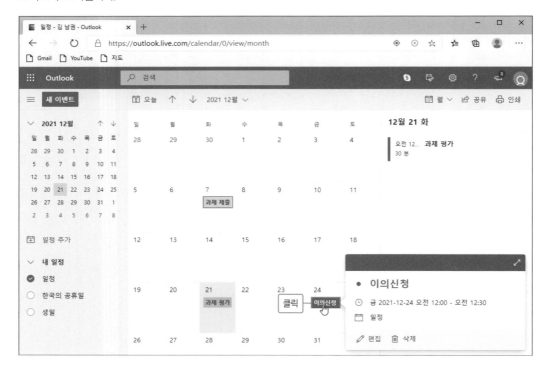

Section 07

등록한 **일정 공유하기**

마이크로소프트 일정을 이용하여 등록된 일정은 메일을 이용하여 사용 권한을 설정한 다음 공유 초대를 보낼 수 있습니다.

01 | 마이크로소프트 일정에서 등록한 일정을 공유하기 위해 (공유)를 클릭합니다.

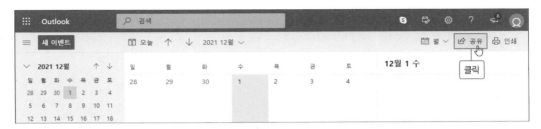

02 | 공유 및 사용 권한 대화상자가 표시되면 공유하려는 사용자의 메일을 입력하고 사용 권한을 지정한 다음 (공유) 버튼을 클릭합니다.

03 | 일정을 공유하려는 상대방 메일을 확인해 보면 일정 공유 초대 메일이 전송된 것을 확인할 수 있습니다. (수락 및 일정보기) 버튼을 클릭합니다.

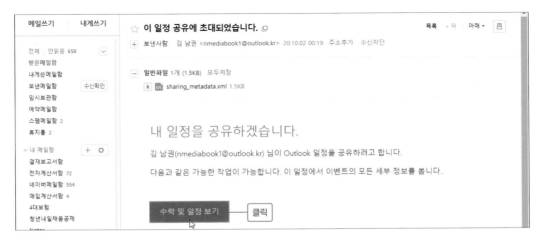

Section 08

아웃룩에 **연락처 추가하기**

아웃룩에 연락처를 등록하면 자료나 일정을 공유할 때 공유하려는 사용자를 선택하고 전송하기가 편리합니다. 한번 등록된 자료는 연락처 공유도 가능하므로 연락처 정보를 등록해 놓는 것이 좋습니다.

01 | 아웃룩에 연락처를 추가하기 위해 [새 연락처] 버튼을 클릭합니다.

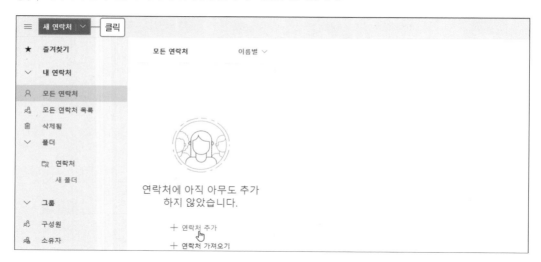

02 | 추가할 연락처의 이름을 입력한 다음 전자 메일 주소, 회사를 입력하고 [만들기] 버튼을 클릭합니다.

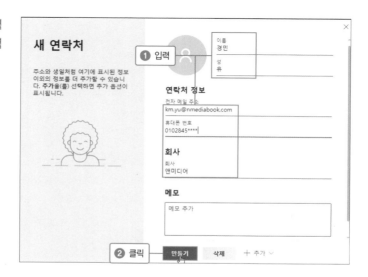

Section 09

기존 주소록의 연락처를 **한번에 아웃룩으로 가져오기**

기존 구글 주소록에 등록된 연락처를 아웃룩으로 한번에 가져올 수 있습니다. Outlook CSV 형식으로 저장하여 아웃룩으로 연락처를 가져오는 방법을 알아보겠습니다.

01 | 기존에 등록한 주소록을 불러오기 위해 (Google 앱) 버튼을 클릭한 다음 (주소록)을 클릭합니다.

02 | 주소록이 표시되며 등록된 사용자 목록이 표시됩니다. 해당 주소록을 내보내기 위해 (내보내기)를 클릭합니다.

03 │ 연락처 내보내기 대화상자가 표시되면 내보내려는 형식을 선택합니다. 예제에서는 (Outlook CSV)를 선택하고 (내보내기)를 클릭합니다.

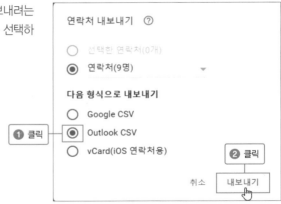

04 │ 다시 아웃룩을 실행한 다음 (모든 연락처)를 클릭합니다.

05 │ (관리)를 클릭한 다음 팝업 메뉴에서 (연락처 가져오기)를 선택합니다.

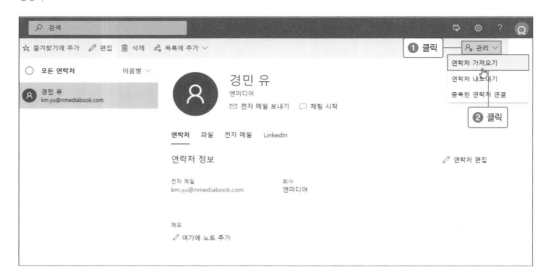

06 │ 연락처 가져오기 대화상자가 표시되면 (찾아보기) 버튼을 클릭한 다음 열기 대화상자에서 구글 주소록에서 저장한 주소록 파일을 선택하고 (열기) 버튼을 클릭합니다.

07 │ 주소록 파일을 선택하였다면 (가져오기) 버튼을 클릭합니다.

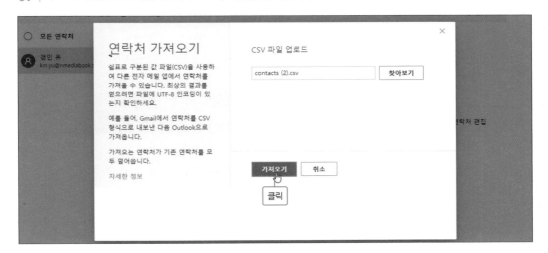

08 │ 그림과 같이 주소록 목록이 올바르게 표시되는지 확인한 다음 (모두 올바르게 표시됩니다. 계속하세요.) 버튼을 클릭합니다.

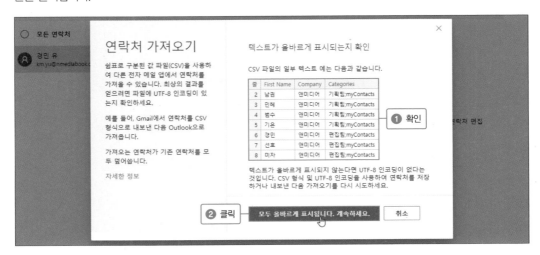

09 | 아웃룩으로 구글 주소록의 연락처를 가져옵니다. 연락처가 표시되면 (닫기) 버튼을 클릭합니다.

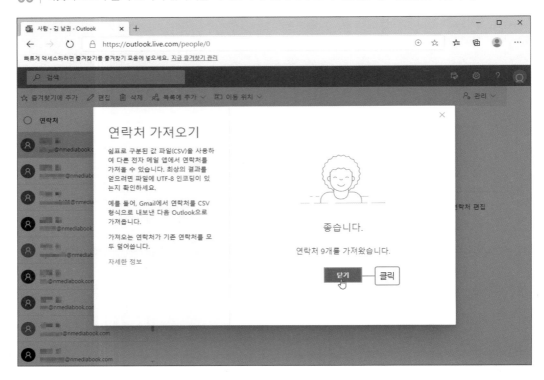

10 | 연락처 정보를 확인하면 이름과 전자 메일, 회사, 직함까지 그대로 불러온 것을 확인할 수 있습니다.

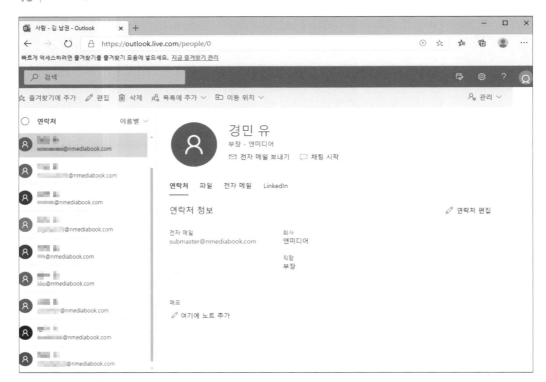

Section 10

메일 통합하여 아웃룩 사용하기

아웃룩에서 원하는 외부 메일을 불러오면, 별도로 해당 메일로 로그인하지 않아도 아웃룩에서 확인이 가능합니다. 외부 메일을 아웃룩으로 불러오기 위해 먼저 외부 메일 설정에서 POP/SMTP 기능을 사용 가능하도록 설정합니다.

01 │ 외부 메일이 네이버 메일일 경우 네이버 메일의 [설정] 버튼을 클릭한 다음 [POP3/IMAP 설정] 메뉴에서 [POP/SMTP 설정] 탭의 POP/SMTP 사용을 [사용함]으로 선택한 다음 [확인] 버튼을 클릭합니다.

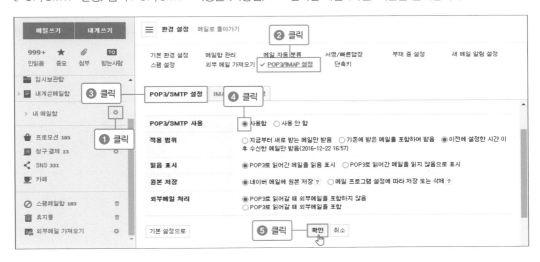

02 │ 아웃룩을 실행시킨 다음 [정보] 메뉴에서 [+ 계정 추가]를 클릭합니다.

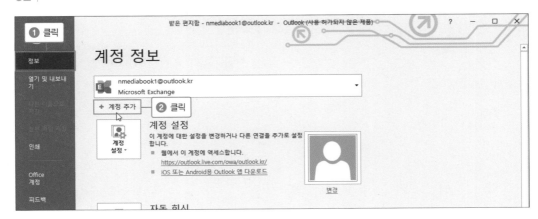

03 | Outlook 창이 표시되면 해당 외부 메일 주소를 입력한 다음 '내 계정을 수동으로 설정합니다'를 체크하고 (연결) 버튼을 클릭합니다.

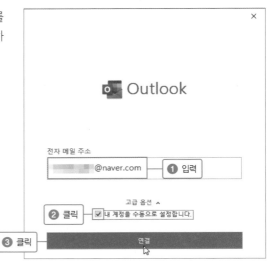

04 | 고급 설정 창이 표시되면 계정 방식을 선택합니다. 예제에서는 아웃룩에서 메일을 삭제하면 외부 메일에서도 메일 원본이 삭제되는 (IMAP) 방식을 선택합니다.

> POP 방식은 아웃룩에서는 메일을 삭제해도 외부 메일 원본은 유지되는 방식입니다.

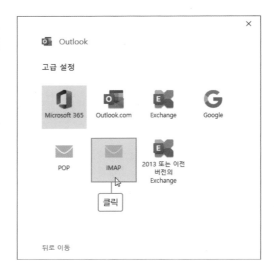

05 | 계정 설정 화면이 표시되면 암호 입력 창에 외부 메일 암호를 입력한 다음 (연결) 버튼을 클릭합니다.

06 선택한 외부 메일 계정이 추가되었다는 메시지가
표시되면 [완료] 버튼을 클릭합니다.

07 아웃룩 메일을 확인해 보면 외부 메일 메뉴가 만들어진 것을 볼 수 있습니다. 외부 메일 하단에는 기존 보관된 메일까지 전체 메일이 표시되는 것을 확인할 수 있습니다.

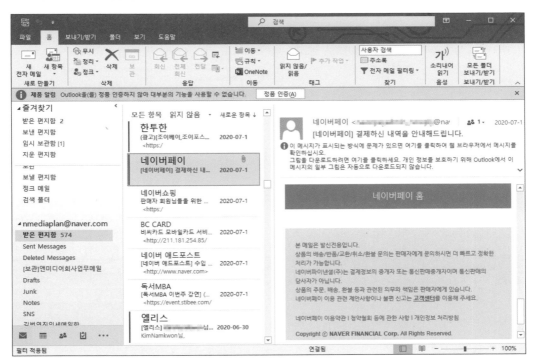

Section 11

원하는 여러 **사용자를 선택하여 메일 보내기**

아웃룩을 이용하여 여러 명에게 메일을 보낼 경우 주소록에서 이름 선택 연락처 대화상자를 이용하면 받는 사람을 선택하여 메일을 보낼 수 있습니다.

01 아웃룩을 실행한 다음 메일을 보내기 위해 (새 전자 메일)을 클릭합니다.

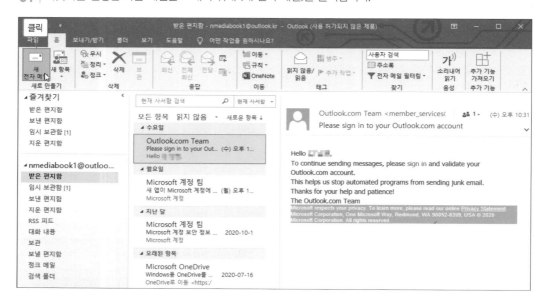

02 메일을 받을 여러 사용자를 선택하기 위해 메뉴 상단에서 (주소록)을 클릭합니다.

03 │ 이름 선택: 연락처 대화상자가 표시되면 메일을 보내려는 사용자를 [Ctrl]을 누른 상태에서 연속하여 클릭한 다음 (받는 사람) 버튼을 클릭합니다.

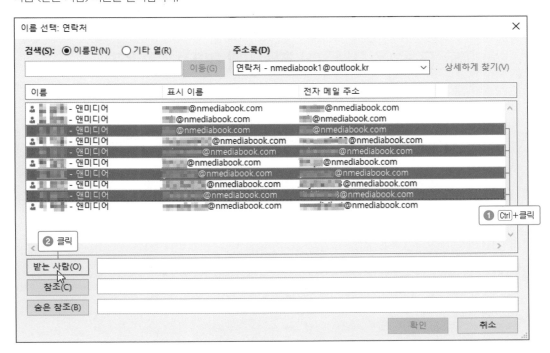

04 │ 대화상자 하단 받는 사람 목록에 선택한 사용자의 메일이 표시됩니다. 메일을 보내기 위해 (확인) 버튼을 클릭합니다.

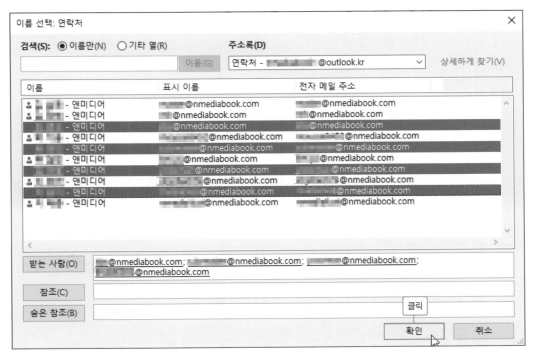

Section 12

그룹을 만들어 **한번에 메일 보내기**

동일한 메일을 보내려는 사용자들이 많을 경우 메일 그룹으로 만들어 놓으면, 한번의 선택으로 여러 명에게 동시에 메일을 보낼 수 있습니다. 메일 그룹을 만드는 방법부터 그룹 메일 보내는 방법까지 알아보겠습니다.

01 | 아웃룩을 실행한 다음 그룹 메일을 만들기 위해 상단 메뉴에서 (주소록)을 클릭합니다.

02 | 주소록: 연락처 대화상자가 표시되면 주소록에 등록된 사용자와 메일 주소가 표시됩니다. (파일) 메뉴에서 (새 항목)을 선택합니다.

03 | 새 항목 대화상자가 표시되면 (새 연락처 그룹)을 선택한 다음 (확인) 버튼을 클릭합니다.

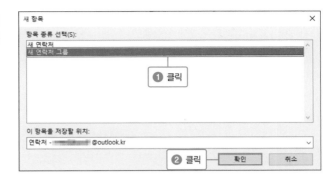

04 | 메일 그룹 창이 표시되면 그룹으로 묶기 위해 (구성원 추가)를 클릭한 다음 (주소록에서 선택)을 선택합니다.

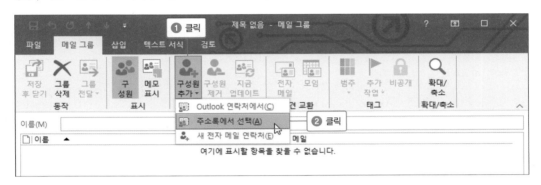

05 | 구성원 선택: 연락처 대화상자가 표시되면 그룹으로 지정할 사용자를 Ctrl을 누른 상태에서 클릭하여 선택하고 (확인) 버튼을 클릭합니다.

06 | 메일 그룹 창이 표시되면 그룹 이름을 입력합니다. 예제에서는 '과학A팀'이라고 입력하고 (저장 후 닫기)를 클릭합니다.

07 | 이제 주소록 연락처를 확인해 보면 방금 저장한 그룹 항목이 추가된 것은 확인할 수 있습니다.

08 | 메일을 보내기 위해 (받는 사람) 버튼을 클릭합니다. 이름 선택: 연락처 대화상자에서 그룹 항목을 선택하고 (받는 사람) 버튼을 클릭한 다음 (확인) 버튼을 클릭합니다. 그룹에 소속된 사용자에게 메일을 보낼 준비가 완료됩니다.

Section 13

스카이프로 화상 수업 주최하기

스카이프는 손쉽게 영상 통화에 접근할 수 있는 프로그램으로, 채팅부터 통화, 일대일 영상 통화부터 그룹 영상 통화까지 가능합니다. 스카이프를 이용하여 화상 수업도 가능하여 장소에 상관없이 온라인 수업이 가능합니다.

01 │ 마이크로소프트 엣지 웹브라우저를 실행한 다음 (앱 시작 관리자) 버튼을 클릭하고 (Skype)를 클릭합니다.

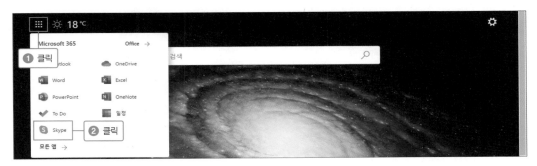

02 │ 스카이프가 실행되면 먼저 프로필을 설정하기 위해 (프로필)을 클릭합니다. 열기 대화상자가 표시되면 사진을 선택하고 (열기) 버튼을 클릭합니다.

03 | 프로필 사진이 완성되면 화상 회의를 시작하기 위해 (모임) 버튼을 클릭한 다음 (모임 주최)를 선택합니다.

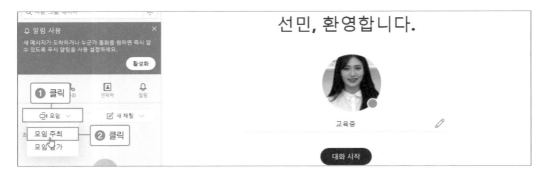

04 | 모임이 준비되었다면 참여자를 초대하기 위해 링크 공유 및 다른 사람 초대 옵션에서 (링크 복사) 버튼을 클릭하여 링크 주소를 복사합니다.

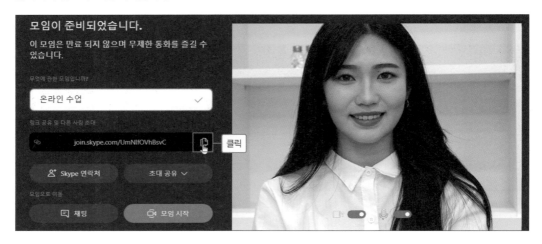

05 | 복사된 링크 주소를 공유하기 위해 (초대 공유) 버튼을 클릭한 다음 팝업 메뉴에서 (Outlook 메일)을 선택합니다.

06 아웃룩이 실행되면서 로그인 화면이 표시되면 로그인하기 위해 메일 주소를 입력하고 (다음) 버튼을 클릭합니다.

07 메일이 열리면 스카이프 초대 내용과 링크가 표시되어 있는 것을 확인할 수 있습니다. 참여자의 메일을 입력한 다음 (보내기) 버튼을 클릭하여 참여자에게 회의 참여를 공유합니다.

08 | 참여자가 스카이프 화상 회의에 참여하면 화면 상단에 썸네일 형태로 이미지가 표시됩니다. (채팅) 버튼을 클릭하여 내용을 입력한 다음 (보내기) 버튼을 클릭하여 채팅을 시작합니다.

09 | 다른 참여자가 참여하면 화면이 분할되면서 참여자의 화상이 표시됩니다.

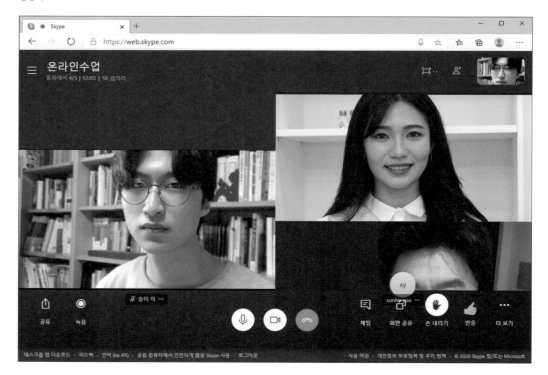

Section 14

자료 화면 공유를 위한 **화면 공유하기**

스카이프에서는 진행자의 PC에 실행되어 있는 프로그램 화면을 참가자와 공유하여 온라인 수업 진행이 가능합니다. 스카이프를 이용한 화면 공유 방법에 대해 알아봅니다.

01 | 진행자의 PC화면에 실행되어 있는 프로그램 화면을 공유하기 위해 (화면 공유) 버튼을 클릭합니다.

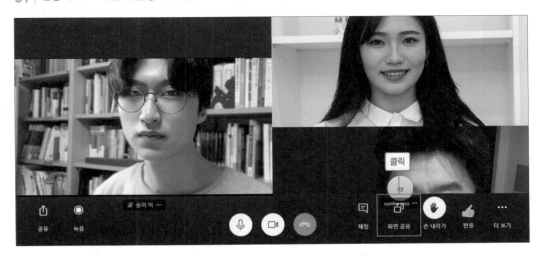

02 | 화면 공유 대화상자가 표시되며, 진행자의 화면에 표시된 프로그램 화면이 동시에 표시됩니다. 공유하려는 화면을 선택한 다음 (공유) 버튼을 클릭합니다.

03 그림과 같이 스카이프 화상 화면에 선택한 프로그램 화면이 표시됩니다. 진행자가 프로그램에서 작업하는 과정이 그대로 화면에 표시됩니다.

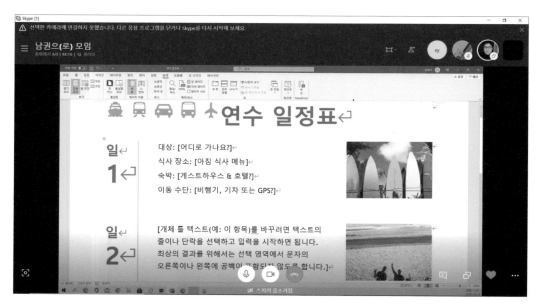

04 화면 공유를 중지하려면 화면 하단의 (화면 공유) 버튼을 클릭하여 (공유 중단)을 선택합니다.

Section 15

스카이프에서 **강의 영상 녹화하기**

영상 수업을 진행하면 화면을 녹화할 수 있습니다. 녹화된 수업 화면은 동영상으로 저장하여 자료로 보관하거나 수업 근거를 남겨 놓을 때 사용할 수도 있습니다.

01 | 강의 영상을 녹화하기 위해 스카이프 화면 하단의 〔녹음(◉)〕 버튼을 클릭합니다.

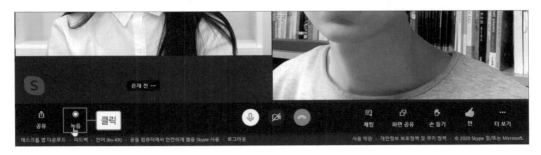

02 | 녹화 버튼이 화면 상단에 빨간색으로 표시되며, 녹화가 진행됩니다. 녹화를 중지하려면 〔중지(◉)〕 버튼을 클릭합니다.

03 │ 화면 상단에 녹화 표시가 사라지며, 채팅 화면을 확인하면 녹화된 미리보기 형태의 동영상 파일이 표시됩니다. 동영상 파일을 저장하기 위해 미리보기 화면 옆의 (옵션) 버튼을 클릭한 다음 팝업 메뉴에서 (다른 이름으로 저장)을 선택합니다.

04 │ (다른 이름으로 저장) 대화상자가 표시되면 저장하려는 동영상 이름을 입력한 다음 (저장) 버튼을 클릭합니다.

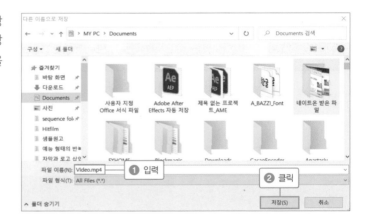

05 │ 저장된 동영상 파일을 실행하면 스카이프에서 녹화된 영상이 재생되는 것을 확인할 수 있습니다.

Section **16**

원노트를 이용한 **전자 필기장 사용하기**

원노트를 이용하여 과제를 제작할 때 다양한 데이터를 삽입하거나 추가하여 전자 필기를 할 수 있습니다. 먼저 문자를 입력하고 이미지를 삽입하는 기본 방법에 대해 알아봅니다.

01 │ 새 전자 필기장을 만들기 위해 원노트가 실행되면 전자 필기장의 (팝업) 버튼을 클릭합니다.

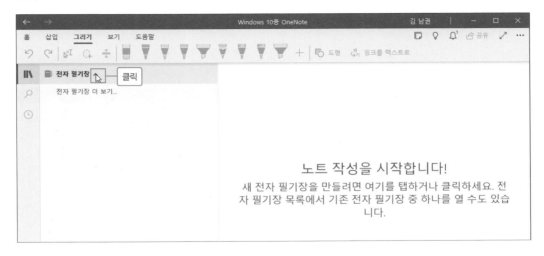

02 │ (새 전자 필기장) 대화상자가 표시되면 필기장 이름을 입력한 다음 (전자 필기장 만들기) 버튼을 클릭합니다.

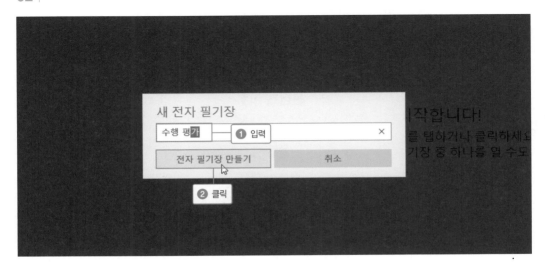

03 │ 새 전자 필기장이 생성되면 섹션을 추가하기 위해 [+ 섹션 추가] 버튼을 클릭합니다. 새 색션 1이 생성되며, [+ 섹션 추가] 버튼을 클릭할 때마다 섹션이 추가되는 것을 확인할 수 있습니다.

04 │ 섹션을 선택한 다음 필기를 하기 위해 섹션 제목을 입력합니다.

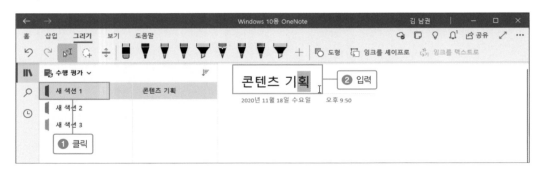

05 │ 입력할 부분을 클릭한 다음 문장 박스가 표시되면 문자를 입력합니다. 입력한 문자를 드래그하여 블록으로 지정한 다음 글꼴 크기를 설정합니다.

06 │ 이미지를 삽입하기 위해 〔삽입〕 메뉴에서 〔그림〕을 클릭합니다. 열기 대화상자가 표시되면 삽입할 이미지 파일을 선택한 다음 〔열기〕 버튼을 클릭합니다.

07 │ 이미지가 삽입되면 그림 박스 모서리 부분을 드래그하여 이미지 크기를 조정한 다음 마우스 오른쪽 버튼을 클릭하여 〔그림을 배경으로 설정〕을 선택합니다.

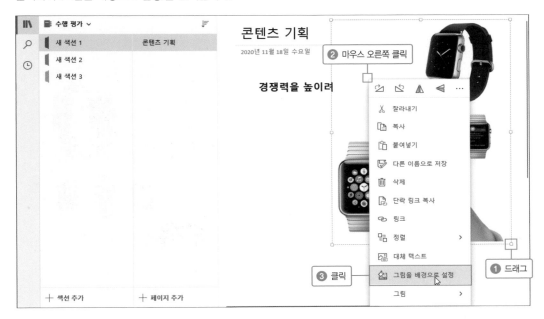

08 │ 이미지가 배경으로 지정되어 입력한 문자가 제대로 보이는 것을 확인할 수 있습니다.

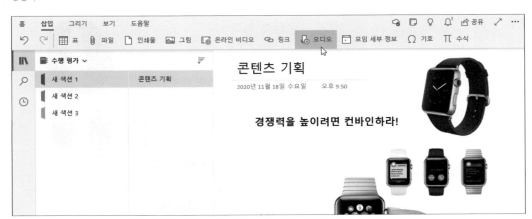

Section 17

필기장에 **강의 음성 녹음과 PDF 인쇄물 삽입하기**

수업 중에 강의를 녹음하여 오디오 파일로 문서에 저장하거나 필요에 따라 재생할 수도 있습니다. 예제에서는 오디오 파일과 PDF 파일을 필기장에 삽입하는 방법을 알아봅니다.

01 | 수업 중에 음성 녹음을 하기 위해 〔오디오〕를 클릭합니다.

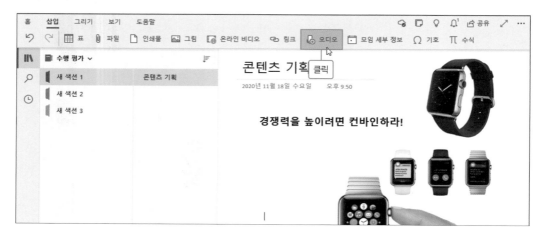

02 | 바로 음성이 녹음되며, 메뉴 상단에 '녹음 중...'이라고 표시됩니다. 녹음을 중지하기 위해 〔중지〕 버튼을 클릭합니다. 화면에는 녹음 파일 아이콘과 녹음 날짜, 시간이 자동으로 표시됩니다.

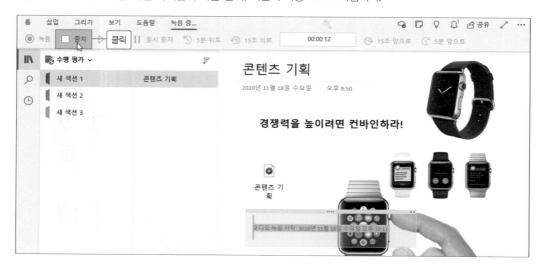

03 | 녹음을 재생하기 위해 문서 안의 (재생(▶)) 버튼을 클릭하여 녹음된 음성을 재생합니다.

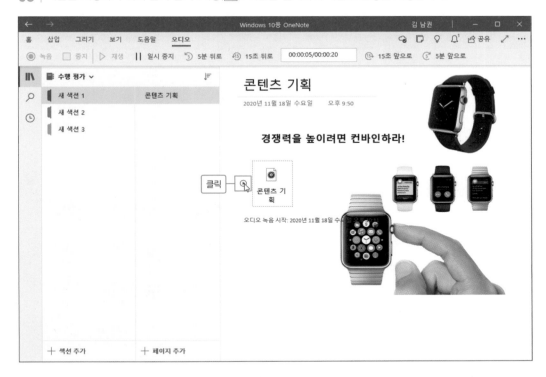

04 | 문서 자료를 직접 전자 필기장에 넣어 보겠습니다. (새 색션 2)를 클릭하여 섹션을 변경한 다음 섹션 이름을 입력합니다. 예제에서는 '문서 자료'라고 입력하였습니다.

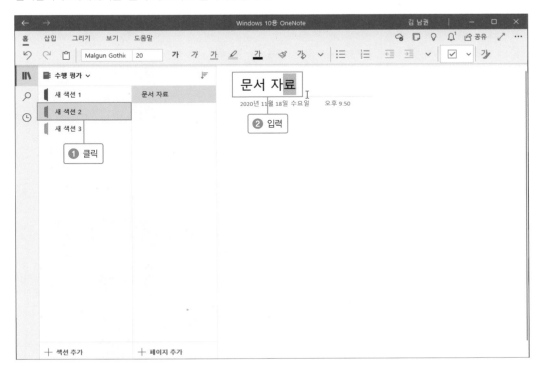

05 | PDF 파일을 직접 넣기 위해 [삽입] 메뉴에서 [인쇄물]을 클릭합니다. 열기 대화상자가 표시되면 PDF 파일을 선택한 다음 [열기] 버튼을 클릭합니다.

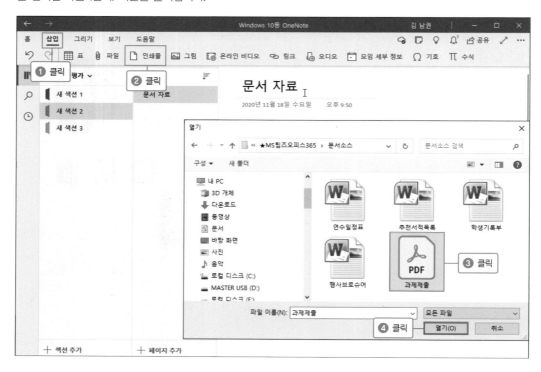

06 | 그림과 같이 PDF 파일이 아이콘 형식으로 표시되며, 페이지별로 문서에 직접 표시되는 것을 확인할 수 있습니다.

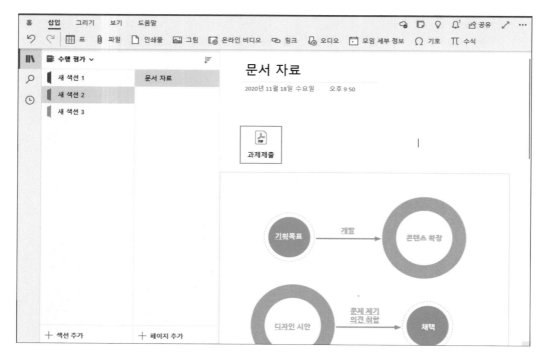

Section 18

자료 출처나 **웹 주소 링크하고 공유하기**

과제나 문서를 작성할 때 출처를 지정하거나 해당 자료가 있는 사이트로 연결시키기 위해 링크 기능을 사용합니다. 작성된 문서는 공유 대상자에게 전달이 가능하며, 수정 또는 보기 권한을 부여 하거나 변경이 가능합니다.

01 │ 출처나 자료 문서를 링크시키기 위해 문자를 입력한 다음 드래그하여 블록으로 지정하고 (링크)를 선택합 니다. 링크를 지정할 주소를 입력한 다음 (삽입) 버튼을 클릭합니다.

02 │ 링크된 문자는 파란색의 밑줄로 표시됩니다. 문자를 클릭하면 해당 사이트로 이동되는 것을 확인할 수 있 습니다.

03 | 작업한 문서를 공유하기 위해 (공유)를 클릭합니다. 전자 메일 초대장 보내기 화면이 표시되면 전자 메일 주소를 입력하고 (공유) 버튼을 클릭합니다.

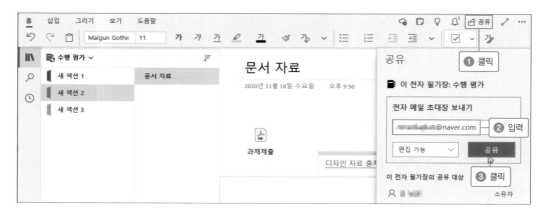

04 | 이 전자 필기장의 공유 대상 항목에 전자 메일로 초대한 사용자의 메일이 표시되며, 공유 문서의 권한도 표시됩니다. 예제에서는 편집 가능한 권한이 적용되었습니다.

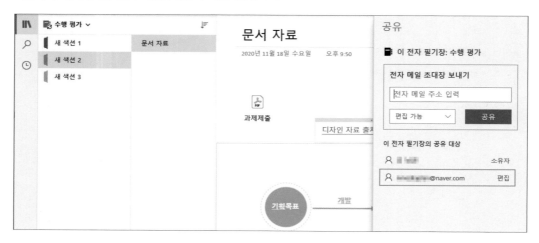

05 | 오른쪽 옵션에서 공유 대상의 권한을 선택 변경할 수 있으며, 공유를 중지할 수도 있습니다.

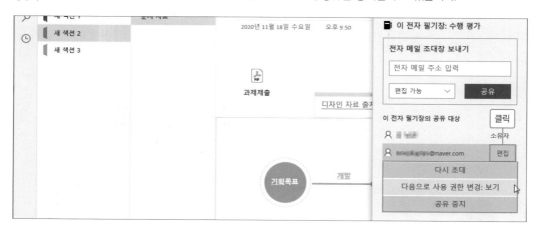

Section 19

파워포인트 **슬라이드를 원노트에 삽입하기**

파워포인트 슬라이드는 파일로 저장이나 프린트뿐만 아니라 원하는 형태로 원노트 전자 필기장에 삽입하여 저장이 가능합니다. 파워포인트에서 바로 원노트로 저장하는 방법에 대해 알아보겠습니다.

01 │ 파워포인트에서 작성한 슬라이드를 원노트에 삽입하기 위해 (파일) 메뉴를 선택합니다.

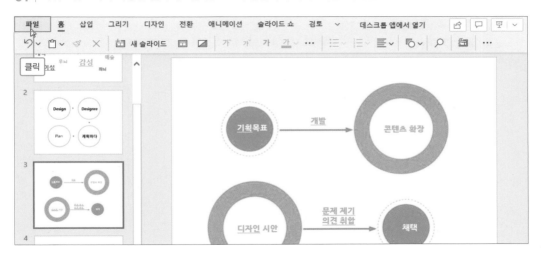

02 │ (인쇄)를 클릭한 다음 인쇄 창에서 페이지당 3개의 슬라이드를 만들기 위해 (유인물 인쇄)를 클릭합니다.

03 | Microsoft PowerPoint 대화상자가 표시되면 (파일 인쇄) 버튼을 클릭합니다.

04 | 인쇄 대화상자가 표시되면 프린터에서 (OneNote for Windows 10)을 지정한 다음 (인쇄) 버튼을 클릭합니다.

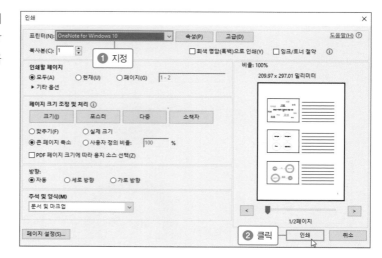

05 | OneNote에서 위치 선택 대화상자가 표시되면 전자 필기장에 삽입하려는 위치를 선택하고 (확인) 버튼을 클릭합니다. 원노트가 실행되며, 선택한 위치 섹션에 파워포인트 슬라이드가 삽입된 것을 확인할 수 있습니다.

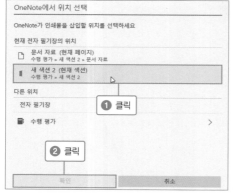

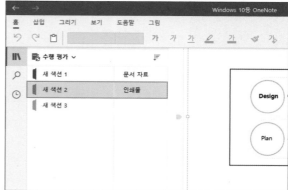

Section 20

오피스 프로그램에서 **한번에 자료 공유하기**

오피스 프로그램에서 작성한 자료는 보내려는 사용자에게 바로 공유가 가능합니다. 공유 메뉴에서 작성한 자료를 바로 보내는 방법을 알아보겠습니다.

01 | 파워포인트에서 (파일) 메뉴를 선택한 다음 (공유)를 클릭합니다. 공유 창이 표시되면 (다른 사용자와 공유)를 클릭합니다.

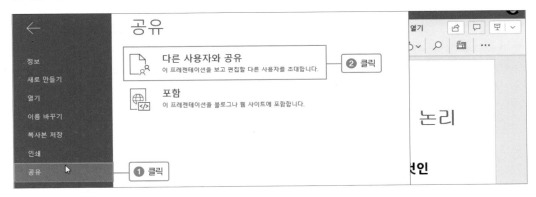

02 | 링크 보내기 대화상자가 표시되면 이름 또는 전자 메일 주소 입력 창에 보내려는 사용자의 메일 주소를 입력하고 (보내기) 버튼을 클릭하여 자료를 공유합니다.

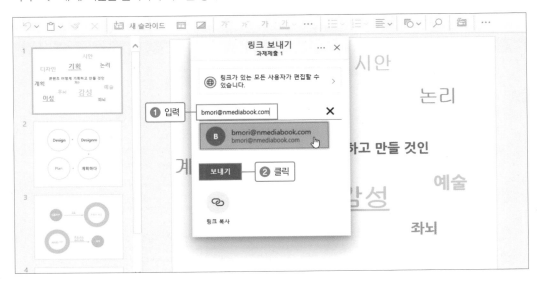

Section 21

원노트에서 **원하는 언어로 번역하기**

원노트를 이용하면 원하는 언어로 간단하게 번역이 가능합니다. 예제에서는 영문 문장을 한글로 번역하고, 다시 일본어로 번역해 보겠습니다.

01 │ 번역하려는 문서의 문장을 Ctrl + C 를 눌러 복사합니다. 원노트를 실행한 다음 Ctrl + V 를 눌러 붙여 넣습니다.

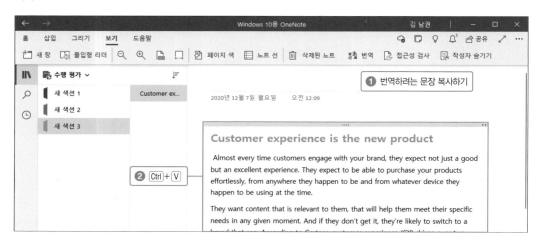

02 │ 영어를 번역하기 위해 [번역]에서 [페이지]를 선택합니다.

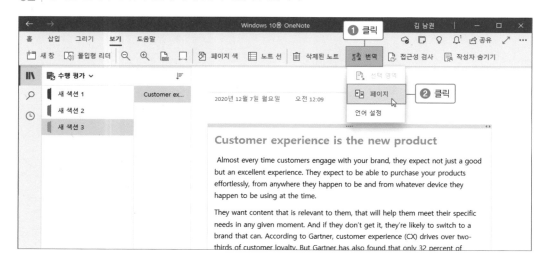

03 | 번역기 화면이 표시되면 원본 언어를 [영어]로 지정한 다음 대상을 [한국어]로 지정하고 [번역] 버튼을 클릭합니다.

04 | 번역 완료가 표시되며, 붙여 넣은 영문 문장이 한글로 번역된 것을 확인할 수 있습니다.

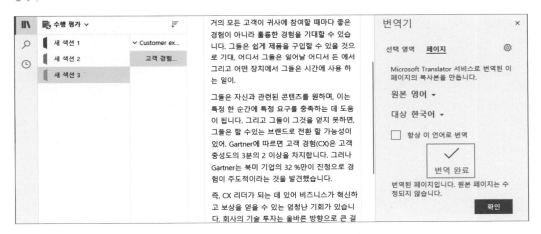

05 | 다시 일본어로 번역하기 위해 원본을 [한국어], 대상을 [일본어]로 지정한 다음 [번역] 버튼을 클릭하면 일본어로 번역된 것을 확인할 수 있습니다.

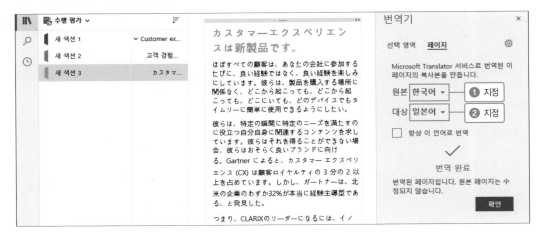

MS 팀즈 수업 & 오피스

2021. 1. 5. 초 판 1쇄 인쇄
2021. 1. 12. 초 판 1쇄 발행

지은이 | 문택주, 이문형, 앤미디어
펴낸이 | 이종춘
펴낸곳 | BM (주)도서출판 성안당
주소 | 04032 서울시 마포구 양화로 127 첨단빌딩 3층(출판기획 R&D 센터)
　　　 10881 경기도 파주시 문발로 112 파주 출판 문화도시(제작 및 물류)
전화 | 02) 3142-0036
　　　 031) 950-6300
팩스 | 031) 955-0510
등록 | 1973. 2. 1. 제406-2005-000046호
출판사 홈페이지 | www.cyber.co.kr
ISBN | 978-89-315-5694-0 (93000)
정가 | 22,000원

이 책을 만든 사람들
책임 | 최옥현
진행 | 조혜란
기획·진행 | 앤미디어
교정·교열 | 앤미디어
일러스트 | 김학수
표지·본문 디자인 | 앤미디어, 박원석
홍보 | 김계향, 유미나
국제부 | 이선민, 조혜란, 김혜숙
마케팅 | 구본철, 차정욱, 나진호, 이동후, 강호묵
마케팅 지원 | 장상범
제작 | 김유석

■ **도서 A/S 안내**

성안당에서 발행하는 모든 도서는 저자와 출판사, 그리고 독자가 함께 만들어 나갑니다.
좋은 책을 펴내기 위해 많은 노력을 기울이고 있습니다. 혹시라도 내용상의 오류나 오탈자 등이 발견되면 **"좋은 책은 나라의 보배"**로서 우리 모두가 함께 만들어 간다는 마음으로 연락주시기 바랍니다. 수정 보완하여 더 나은 책이 되도록 최선을 다하겠습니다.
성안당은 늘 독자 여러분들의 소중한 의견을 기다리고 있습니다. 좋은 의견을 보내주시는 분께는 성안당 쇼핑몰의 포인트(3,000포인트)를 적립해 드립니다.

잘못 만들어진 책이나 부록 등이 파손된 경우에는 교환해 드립니다.